子どもの"いのち"に寄り添う仕事
～教室で物語が生まれる～

村末勇介 著

はじめに

　私は鹿児島県の公立小学校教員として 29 年間を過ごし、2016 年 4 月から、沖縄県の大学で働いています。重低音を轟かせ、ハエのように飛ぶ不気味なオスプレイを初めてキャンパス上空に確認したとき、見上げているのは自分だけだったことに強い違和感を抱きました。わたしより沖縄生活の長い学生たちにとって、その風景は既に日常に溶け込んだ風景であったのだと、しばらくして気がつきました。そして、だんだんとそれを日常として受け止めてしまっている自分自身が、残念ながら今、ここにいます。

　その年、転勤の挨拶をかねて送った年賀状に、わたしは、そのことを添えました。ありがたいことに、知り合いの先輩教師は、「慣れてしまってはダメでしょう」とお叱りの返信を送ってくれました。

　多くの教育現場が、正に今こんな感じになってしまってはいないでしょうか？

　休み時間も休めないのがあたりまえ。職員室でゆっくりと子どもたちについての話ができないのがあたりまえ。授業の教材分析についてじっくりと語り合えないのがあたりまえ。子どもたちと語り合う時間がないのはあたりまえ…。しかし、子どもたちはそうしたあたりまえではない、本当に「あたりまえのこと」を求めているのです。

　沖縄タイムス紙に掲載された中学 2 年生の投稿です。

話聞いてくれた先生に感謝

幸地梨紗＝中2

　人生って、どうして一からやりなおせないんですか？　そう質問したある日の放課後。私は、担任の先生に、人生相談をしていました。

　私の担任は、すごくさばさばした性格で今までこんなに長話をしたのは、はじめてでした。こんなに長い間、話を聞いてくれるとは、１ミリも思っていませんでした。

　これから先の人生についてたくさんのことを質問して、相談して、とってもスッキリしました。こんなにスッキリするまで聞いてくれた、そんな先生にすごく感謝しています。

　この日が来るまでは、私は先生にしょっちゅう反抗ばっかりしていてあんまり先生をすきではありませんでした。

　しかし、今ではすっかり信頼できる先生になりました。

（沖縄タイムス　2019年10月7日）

　わたしは、この投稿文を読んで、胸が苦しくなりました。と同時に、まだまだ教育も捨てたものではない…とも思いました。学校の先生という仕事は世間からは「ブラック」だと言われ、残念ながら教員の側からも、「そうではない」と反論できない悲しく辛い現実があります。そしてその現実の陰に、「こ

んなに長い間、話を聞いてくれるとは、１ミリも思っていませんでした」と
綴る中学生が存在するのです。

　けれども、この梨紗さんは、話を聞いてくれた先生への感謝の気持ちを綴り、
担任の先生を信頼できる存在として捉え直すことができました。実践として
は、決して大したことではないはずの放課後の「長話」が、生徒にとっては
教師を信頼の対象として意味づけ、自分をみつめ直す「人生相談」となった
のです。

　先生たち、子どもたちの話を聞いていますか？

　聞かない日常をあたりまえにしてしまってはいませんか？

　子どもの心の叫びに耳をふさいではいませんか？

　保護者のみなさんは、どうですか？

　わたしも、偉そうなことは言えません。これは、自分への問い返しでもあ
るのです。

　あなたは、子どもたちと出会うために先生になったのではありませんか？

　子どもたちとのたのしい授業にあこがれて、先生になったのでしょう？

　冷たい風を引き連れて、廊下をすたすたと歩き、子どもたちとすれ違うた
めに先生になったわけではありませんよね。

　わたしは、この本で、わたしがこれまでとり組んできたいくつかの教育実
践を紹介しながら、わたしたちが思い描いていた本当の「あたりまえ」の世

界を再確認していきたいと考えています。それは、なぜか？ わたしは、今日叫ばれている「教師の働き方改革」の目的の1番目に、この「あたりまえ」を取り戻すことが位置づかなくてはならないと考えているからです。理由は単純です。これこそあたりまえのことですが、子どもたちとの世界を豊かに創り上げていく教育本来の営み、その質を問わないで、「働き方」をいくら論議しても、本当の改革にはならないからです。

　さて、これから紹介していく実践は、日々ブラック化していく学校現場で、課題にぶつかり立ち止まりながらも、わたしが子どもたちと一緒に創り出してきた大小様々のとっておきのドラマばかりです。

　子どもたちの置かれた環境や時代の違いを超えて、今、大切にすべきことはいったい何なのか、考える材料となればうれしいです。ここに登場するそれぞれのドラマの主人公たちが、あなたの心の中で新しいいのちを吹き込まれ、これからの教育の未来を描き出すためのアシスタントになってくれるかもしれません。

　さあ、それでは、さっそく始めていくことにしましょう。

※本書で取り上げた子どもたちの声、感想などの名前はすべて仮名です。

目　次

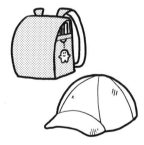

第1章

いのちの「土台」を
豊かなものに

1 「いのち」が脅かされる日常で生きている子どもたち

カンボジアの少年の背中

　はじめに少し述べましたが、わたしは公立小学校教員として29年間勤務し、今は琉球大学の教職大学院で、主に生活指導や学級経営についての授業を担当しています。そしてその合間を縫って、全国の大学の研究者や学生たちと共にカンボジア・ラオスでの教育支援活動に参加しています。

　下の写真は、カンボジア北部の小学校を訪問したときに撮ったものです。こんなふうに少年が腹ばいになっていました。「何をやってるの?」と、わたしは子どもたちの所に近づいて行きました。現地語はクメール語ですから、少年たちが何を話しているのか、わたしにはまったくわかりません。しばらく黙ってニコニコと眺めていました。どうやらスリッパを蹴り合って、サッカー遊びをしていたところ、背中に10番と書かれた子のスリッパが、鍵のかかった扉の向こう側に入り込んでしまったようです。腹ばいになった子が、埃まみれになりながら、棒を使ってそのスリッパをこちら側に取り出そうとしているところでした。

　この様子を見て、わたしは素直に感動していました。懐かしさが、思わず

カンボジア北部の少年たち（筆者撮影）

込み上げてきたのです。田舎育ちのわたしもかつては埃まみれ、泥まみれになって遊ぶ少年でした。田んぼに積み上げられたわら束の上を友だちと走り回って、その持ち主のおじさんからこっぴどく叱られたこともありました。カンボジアの少年たちは、一瞬にしてその記憶の映像を蘇らせ、タイムスリップさせてくれたのです。

その時、現在の日本の子どもたちはどうだろうとふと考えてしまいました。やっぱり、不本意ながら教師根性はすっかり染みついてしまったようです。もちろん、このエピソードを通して、ノスタルジックにあるいは恩着せがましく、道徳的な話をしようとは思いません。けれども、こういうのどかな懐かしい世界、そんな中で成立する子どもたちの心地よく微笑ましい関係性を、残念ながらわたしたちははるか昔に置いてきてしまったのではないでしょうか。

そしてそれは、子どもの世界の話にとどまりません。わたしたち教師は、たとえば同僚のために精神の世界でどれだけ泥まみれになれているでしょうか。業績評価制度のもと、他者よりも評価されなければ給料さえ減らされてしまうこの時代。苦しみに耳を傾けて自分まで泥の中に引きずり込まれるより、その場からさっといなくなった方が上手に生きる術なのかも知れません。悲しいですね。こうした制度に縛られ、作られる現実…。「世の中、金」ではありませんが、「金はどうでもよい」とは残念ながらいきません。悔しいかな「金の切れ目は、縁の切れ目」でもあるのです。そういう時代を、今教師たちは生きさせられています。

職場内に漂う「疑心暗鬼」の気持ち悪さ、同僚性の崩壊を、このカンボジアの少年の背中は冷ややかに笑っている様な気がします。

競わされて生きる子どもたち、そして先生たち

ところで今、子どもたちは、学校内において、隣に座っている子どもではない、姿の見えない「敵」と競わされています。その敵とは、コロナ禍の緊急事態宣言下にあっても強行された、毎年春先に実施されている「全国学力・学習状況調査」（いわゆる「全国学力テスト」）という名の悉皆テスト。言っ

てみれば、正答率の平均値を争う、都道府県別ランキングレースです。しかし、本当に競わされているのは、子どもたちではなく、校長先生以下すべての現場の先生たちなのかもしれません。沖縄県は闘牛の盛んなところですが、さしずめ闘わせられる牛たちが子どもたち、手綱を引くのが先生たち、と言っては大変失礼でしょうか。

　先生たちは、子どもたちを補習という名の反復トレーニングで鍛え、たっぷりとエネルギーを蓄えさせて、大会当日を迎えるのです。子どもたちは、5年生の3学期から6年生の調査実施前日まで、まさに馬車馬のごとく補習付けの日々を送らされます。5年生のゴールと最高学年としての6年生のスタートという、彼らにとって大切な節目が、きれいな花ふぶきではなく、過去問のプリントシャワーによって「祝福」されるという残念な状況になっているのです。

　わたしが、年度末、年度初めに訪れたほぼすべての小学校では、校長先生以下全職員で特別体制を整え、補習指導が行われていました。この調査に向けた対策は、今や、学校総ぐるみ、市町村教育委員会総ぐるみ、都道府県教育委員会総ぐるみという、各階層毎にシステム化された総合的なとりくみによる一大イベントです。

　2020年になり、文部科学省の方からもようやく「見直し」の動きが出てきましたが、あくまで「調査」と名が付くものであるならば、2019年度までに13回を実施し、ほぼデータが出揃った現在、悉皆によることが妥当であるのか、文科省の現実的な対応が求められていると言えるでしょう。それは、教育現場に、次に紹介するような異常な状況が作り出されていることからも明らかです。2019年5月19日に掲載された、沖縄タイムスへの小学6年生の投稿を紹介することにしましょう。

学力テストの結果が楽しみ

6年生　たかゆき

　今日、全国学力テストがありました。5年生の3学期の最後らへんから昨日まで、たくさんのほ習をやってきました。ほ習は、正直に言ってめんどくさかったです。でもたくさんやっているうちにめ

んどくさいという気持ちもなくなって、ほ習がふつうになってきました。

　6年生になってすぐに、ほ習が始まりました。みんなはペアでいろんな先生の所に行ってほ習をしました。ぼくとゆうきとあやかとだいすけはただよし先生とほ習をしました。いつも、どっちが速いか勝負していました。そして、最後の日は、最速タイムで終わりました。

　本番、朝からがんばろうと思っていました。ぼくは国語も算数も全答できたのでうれしかったです。結果がとても楽しみです。

　読まれてみて、どんな感想を持たれましたか？　わたしは、この投稿記事を読んで、ふーっとため息をついてしまいました。最初はめんどくさかった補習が普通になって、友だちと勝負して連日とり組み、当日全答できたので「結果がとても楽しみ」だと綴る子ども。先生たちの努力の姿と子どもたちの頑張りの姿が、あまりにも哀れに思えて仕方ありませんでした。教育の世界が、「学力テスト」というごくごく狭い世界に閉じ込められてしまっている。そう思わずにはいられません。

　わたしは、決して「学力」が大切ではないと言っているのではありません。「テスト」が必要ないとも思いません。しかしながら、ものごとには程度というものがあるでしょう。ここまでならセーフ、ここからはアウトだというラインが。年度末と年度初めの補習に明け暮れ、受けたテストの結果を楽しみにする子どもの姿は限度を超えています。そんな教室を、わたしたちは「あたりまえ」にしてしまってよいものでしょうか。

あたりまえのように脅かされる「いのち」

　さらに、もっと「あたりまえ」にしてしまってはならないことがあります。それは、他ならぬ「いのち」を巡ってのリアルな現実についてです。わたしは、沖縄に住むようになって、改めて「いのち」は、意識的に守り抜くとり組み

なしには、簡単に脅かされてしまうものだという現実を突きつけられました。それが最も典型的な形で起きた出来事を取り上げてみましょう。「ああ、あのことか」と思われるかもしれません。中には「もう忘れてしまった」という人もいらっしゃるでしょうか。これも、2018年1月5日の沖縄タイムスに掲載された子どもの投稿文です。

びっくりしたヘリ窓落下

宮平紗蓮（小6）

　私の通っている普天間第二小学校で12月13日、授業中運動場の中心にCH53というヘリの窓が落下してきました。そのとき、私は教室で授業をしていて、いきなり放送が流れ、びっくりしました。

　けがをした児童一人は幸い軽症で済み、大けがをした人が一人もいなかったのでとても良かったです。

　もしもあと少し時間がずれていたら自分は死んでいたかもしれない、そう思うと怖いと思いました。物などは壊れてしまっても直したり作り直したりすることができますが、人間は死んでしまったら直したり作ったりできません。

　いつ戦争が起こるかわからない。今起きてしまってもおかしくない。戦争は人の命を奪ってしまう。私は戦争を起こさないよう平和を少しずつ増やしていくことを3学期の目標にしました。

　みなさんも新年の目標を決めて、それを達成してみてください。

（宜野湾市、普天間第二小学校）

　普天間第二小学校の校庭の向こう側には有刺鉄線でつくられたフェンスがあって、その奥が普天間基地となっています。そういう中で教育活動は日々行われているのですが、事故のあと校庭は約2ヵ月間閉鎖され、使用が再開された後も、沖縄防衛局から雇われた監視員がヘリの接近を知らせてはその度に子どもたちが避難するということが半年あまり繰り返されました。校庭の入り口には柵が設置され、「ここから先は入らないでください」と表示がし

てありました。その間行われた避難訓練の最中にもヘリが上空を飛ぶということがありましたが、米軍側はその事実を認めませんでした。地元テレビ局の報道によれば、窓枠落下事故後1年間での子どもたちの校庭からの避難回数は、678回にも上ったということです。

　窓枠落下事故の約2ヵ月後に普天間小を訪れたときに、まだ校庭は使えないという話を聞いて、子どもたちに「大変だね」と声をかけたら、「うん」と頷きながらも、子どもらしいたくましさでしょうか、彼らは「室内で楽しくやっていますよ」と付け加えてくれました。

　けれども、これはどう考えても異常な光景でしょう？空からの人工的落下物の危険性のために避難訓練を実施したり、いざという時のために「避難工作物」と呼ばれる野球場のダグアウトのような避難所が設置されたり、校庭での遊びが制限される子どもたちの「学校生活」が、今現実に沖縄には存在しているのです。

　この状況は、今日明日どうにかなるものではありません。話はいきなり「日米地位協定」にまで飛んでしまわなければならず、そうなるとたちまち思考停止状態に陥ってしまいます。けれども、たとえ沖縄からの物理的距離が離れていたとしても、その子どもたちの悲しさやいのちの危険性は、精神的距

普天間第二小学校の上空を飛ぶヘリ（筆者撮影）

離を近づけ想像力を働かせれば、自分たちのものにできるはずです。少なくとも、教育という仕事に携わろうとする者たちは、そういう現実に思いを寄せながら日々を生きる必要があるのではないかと思っています。その裏側には、「自作自演」、「やらせ」といった誹謗中傷の露骨な攻撃が、まるで傷口に塩をすり込むように繰り返される信じがたい現実があるのです。そして、そういう悲しい現実を作り出す顔の見えない人々も、かつては紛れもなく「学校」という場で学び育った人たちであるのです。

　わたしたちは、未来の大人として生きる子どもたちが、将来こうした現実を「あたりまえ」だとするのかしないのか、否、彼らに「あたりまえ」にさせたいのかさせたくないのか…。教師は自己に問いながら、まさに自分事として、教師を生きなければならないのではないかと思うのです。

　ついつい熱くなりました。話を元に戻しましょう。こういうところで沖縄の子どもたち、大人たち、当事者たちは苦しみ耐えています。その思いを自分に引き寄せて、共感してもらえたら…そう願っています。

子どもたちに寄り添い、愛するために

　誰もが、1つか2つくらいは、お気に入りの文章や詩を心の中に携えて生きているだろうと思います。わたしにもそういう大切な作品はいくつかありますが、教師として生きる上での道標となったのはやはりこの詩だろうと思います。

私が先生になったとき

　　　　　　　　　　　　　　　　　　　　　　　　作者不詳

　私が先生になったとき
　自分が真理から目をそむけて
　本当のことが語れるか

　私が先生になったとき

自分が未来から目をそむけて
子どもたちに明日のことが語れるか

私が先生になったとき
自分が理想を持たないで
子どもたちにどうして夢が語れるか

私が先生になったとき
自分に誇りを持たないで
子どもたちに胸をはれと言えるか

私が先生になったとき
自分がスクラムの外にいて
子どもたちに仲良くしろと言えるか

私が先生になったとき
自分の闘いから目をそむけて
どうして子どもたちに勇気を持てと言えるか

　おそらくよく知られた作者不詳のこの詩は、学生時代にわたしが過ごした体育科教育学研究室の壁に、黄色くなったセロテープで貼ってありました。このメッセージを毎日視界に入れながらゼミ学習にとり組んだのですが、わたしは現場教師を続ける中で、この問いかけを節目ふしめで自分に投げかけながら歩いてきました。この詩は、わたしに、教師という仕事は、「子どもたちに寄り添い愛すること」だと熱く語ってくれます。そして、「そういう教師として生きているかい？」と時々尋ねてくれるのです。
　子どもたちを愛するためには、愛する存在であるに相応しい学習が必要です。形だけの愛情を注ぐだけではない、愛するための愛し方を身につける必要があるのです。これを「教育技術」と呼ぶのかも知れません。けれどもそ

れは、単なる小手先だけの「ハウ・ツー」、その場しのぎの薄っぺらな技術などではありません。子どもの現実を捉え、その現実に真剣に向き合い、寄り添おうとする教師の思いや願いといった、かつて斉藤喜博が述べた「教育思想」に根ざした真の教育技術でなくてはならないと考えます。少し、くどくなりましたか。

では、再び子どもの作文を紹介しましょう。わたしに、子どもに寄り添うことの意味を考えるきっかけを与えてくれた5年生の日記文です。

塾と学校の両立

5年　ひろこ

　今日は塾と学校のことについて話し合いました。先生は早く寝なさいと言っています。でも、私が今やっていることは将来のためや自分が好きな学校に行くためのものなのです。でも、もしかしたら先生が思っているよりもはるかに私よりも勉強を頑張っている人がいるのです。私はそういう人を見れば、やっぱり私も頑張らんといかんと思うのです。お父さんやお母さんも一緒に頑張ってくれているので頑張ります。

この子は、毎晩夜中の2時くらいまで塾の宿題をやっている子でした。何にでも真面目にとり組む、所謂「頑張り屋さん」。体育の時間も、ボールを追いかけ、校庭を全力で駆け回るような手抜きをしない一生懸命な子でした。学校にも遅刻することもなく、毎日定刻で登校するのですが、そんな生活を続けていますからやはりたまにフラフラとしていることがあるのです。「どうしたの？」とわたしが尋ねると、「塾の宿題が終わらなくて夜遅くまで頑張った」のだと言います。中学受験に向けて、家族ぐるみで頑張っているのです。お父さんは会社経営者、お母さんは専業主婦の家庭でした。

この日記が提出された前日に、「もうちょっと寝たらどう？睡眠も大事だよ」と話をしたのですが、彼女はその返事としてこの日記を書いて来ました。あなたが先生なら、彼女にいったいどんな言葉を返しますか？　どんな赤ペンを

入れますか？

　わたしは、簡単に「早く寝なさい」とは書けませんでした。彼女は、本当に頑張っているからです。わたしは、赤ペンのキャップをかぶせて、しばらく考え込みました。そして、今置かれている彼女の丸ごとに寄り添わなければだめだよなあと思ったのです。

　「家族の協力のもと、本当によく頑張っているね。昨日、話をしてひろこさんの気持ちがよくわかりました。先生も、応援しているからね。でも、きついときは休むことも大切だよ。それと、これからつらいことがあったら、えんりょなく相談してくださいね」

　わたしは、こんな内容で赤ペンの返事を書きました。

　そして、それから3月の5年生の修了式までの間に、彼女にもっと別の世界をつかみとってもらえるような関わりをしていこうと考えたのです。今の彼女の頑張りの世界を否定するのではなく、その生活は尊重しながら彼女の今いる世界をもう少しだけ拡げてあげられればよいのではないかと。もちろんそれを、授業や日々の生活指導、本書の2章以降で具体的に紹介していく「いのちの学習」の実践を通して伝えていきました。

3月、彼女は最後にこんな感想文を書いて5年生を締めくくり、6年生に進んで行きました。

今日の話

5年　ひろこ

今日の話で、自分の存在に気づかされました。「いのち」とは、私はまともに考えたことはありませんでした。そして、私たちは一人ひとりの遺伝子が違うから学べるということが、とても楽しかったです。

一人ひとりの親からもらった遺伝子が、一つ一つ考え方や個性などを生みだし、その一人ひとりと出会うことでまた、自分の遺伝子を高めることができる。その遺伝子を変えることができなくても、それにつけたし、自分の遺伝子が高められるということを学びました。

だから、私は変わることができなくても、人と出会うことでいろんな学びが得られるということを知ったので、一人ひとりの出会いを大切にしていきたいなと思いました。一人ひとりの個性をもち、その学びがいろいろな考え方を生み出すことをわすれずに生きていこうと思いました。いのちの授業をしたことは一生わすれません。

ひろこさんが書いてくれたこの作文からわたしたち教師がまず認識すべきこと、忘れてしまってはならないことは、その時々ではたとえ否定的に見える子どもの姿や現実ではあっても、それをそのまままるごと一旦受け止め、受け入れなくてはならないということ。そして、その世界を少しだけ拡げる手伝いをさせてもらうという「謙虚さ」なのではないでしょうか。そして、子どもたちは絶対とは言い切れませんが、その期待に応えてくれるはずだという「自信」と「信頼」だろうと思います。子どもたちはそうした支えの上に、自ら学び、考え、世界を拡げる力を発揮し、育っていくのだと思います。そういう学びを成立させる場を意識的に作っていく仕事が、わたしたち教師の仕事なのであり、実はそれが教師として子どもたちを愛するということではないでしょうか。

2 子どもの質問の背景を読み解き、寄り添う授業実践を

「生きる力」を育む教育とは何か、それは可能なのか？

　さて、「生きる力」とは、教育の目的を語るときに多用されてきた言葉ですね。そのこと自体は正論であり、異論を挟む余地はないのでしょうが、現在それがなかなか難しい課題となっています。生きる力を育む教育以前の問題として、最も安心・安全が保障されなければならない学校自体が、そもそも今そういう場ではなくなってしまっているという大問題を抱えているのです。国会での審議過程でも明らかになったように、教員の「働き方改革」は、夏休みにまとめて休みを取るといった「変形労働時間制」の導入という数字のつじつま合わせに偏り、根本問題を解決するような実質的な対応とはなっていません。学校教育を担う人々のいのちそのものが脅かされる状況は、残念ながら放置されたままであると言えるでしょう。

　それと同時に、スクール・セクシュアル・ハラスメントやいじめや教師の「指導死」問題など、学校が子どもたちにとって最も危険な場所ではないかとさえ言える悲しい状況もあります。

　全国的にもそうですが、沖縄県においても教職員の不祥事は連続して起こっています。グラフからも近年急激な増加が見て取れますが、特に2017年には、

わいせつ行為で処分された公立学校の教員数の推移

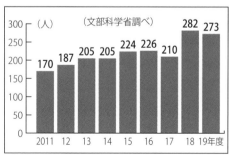

教頭による盗撮や、学習支援員による授業中のセクハラ、中学校の部活顧問の生徒へのわいせつ行為等々が、およそ月に1件のペースで連続して起きてしまいました。

そういう中で、「生きる力を育む教育」などというスローガンは、虚しく響くだけです。社会や地域、保護者からの教育現場への信用は、もう既に「前提」としてそこにあるものではなくなっています。それは、これから意識的に作り上げていかなくてはならない段階にあると言えるでしょう。黙っていても、かつての教師への信頼のまなざしは戻っては来ません。ですから、4月の出会いをスタートラインとして、教育界全体が失ってしまった信用をまさに自分事として取り戻していく作業が、一人ひとりの教師に求められているのです。そしてその作業は、安心・安全が危うい学校現場において、真の「生きる力」を育む教育実践の創造という課題に意識的にとり組んでいくことに他ならないのではないでしょうか。

ところで、文部科学省は、2002年の学習指導要領改訂において、「生きる力」の育成を前面に打ち出しました。基本的には、その考え方は現在も引き継がれていると考えられますが、たとえば2011年の学習指導要領の改訂の際には、保護者向けリーフレット『すぐにわかる新しい学習指導要領のポイント』を発行し、「子どもたちの生きる力を育みます」と宣言。「学習指導要領の理念は生きる力」としながら、学力、健康・体力、豊かな人間性－この三つを総合して生きる力とし、それを獲得させるために「学校・家庭・地域の連携・協力が大切」だと強調しています。

けれども、教育実践の具体像はリーフレットをいくら眺めても出てはきません。「家庭の協力が大切だ」と言われても、子どもたちが暮らす家庭は、当然のことながら多様です。協力したくても簡単には協力できない現実を生きている場合もあるのです。したがって、リーフレットの中のかけ声を、現実の教育現場で実現していくためには、繰り返しになりますが、教師一人ひとりがそれぞれの現場で、主体的・創造的にとり組んでいくしかないのです。教育の世界の最先端は紛れもなく学校現場であり、子どもたちが創り出す日常のドラマとして成立するのです。ですから、わたしはその現場で子どもた

ちの現実や保護者・地域の実態と向き合っている教師自身の皮膚感覚を最も大切にすべきだと考えています。教師は、文科省や教育委員会経営のロボット工場で働く従業員ではありません。教師には自信と責任を持って、子どもたちと関わり、その子どもの姿から直接課題を取り出して、「この子どもたちには今この力が必要だ」という目標を見定め、地道にとり組むことが求められるのです。そのとり組みを、一人ひとりの教師が保護者や地域と共に創り出していく必要があるのです。

　それでは、この方向性を再び子どもの文章から探ってみたいと思います。2016年8月14日に掲載された沖縄タイムス紙への子どもの投稿です。

笑顔がすてき　先生が大好き

糸数　空＝小5

　わたしたちの担任の先生には、じまんがあります。

　まず1つ目は、笑顔がとってもすてきなところです。なぜかというと、授業中も休み時間も、いつもにこにこ笑っているからです。かよ先生の笑顔は、教室を太陽のように明るくしてくれて、わたしたちを勇気づけてくれます。

　2つ目は、あいさつです。いつも笑顔で大きな声であいさつをしてくれます。わたしも先生のようなあいさつを目指して毎日がんばっています。

　3つ目は、スポーツが得意で、勉強も一生けんめい優しく教えてくれるところです。

　だけど、そんなかよ先生でも怒るときがあります。それは、友達と仲良くしないときや、かしこくなろうとしないときにはすごく怒ります。

　それでもわたしは、かよ先生のことがすごく大好きです。わたしは、かよ先生に怒られるとかしこく、仲良くなろうとする努力が生まれます。

　わたしはかしこく、仲良くなれるよう、がんばっていきます。

（西原町、西原南小）

わたしは、この文章を読んだときに、担任のかよ先生は本当に嬉しいだろうなあと思いました。かよ先生がこれを書かせたのなら最悪だなあとも思ったのですが、たまたま現場から入学された教職大学院生の知り合いだということで、この空さんの評価通りの先生だと聞きました（かよ先生、失礼しました）。素敵な先生は、やっぱり子どもたちの側にいてくれるのです。

　さて、ここに綴られているような先生との関係性が、子どもたちが求めている世界なのです。子どもたちの「生きる力」とは、彼らがイキイキと生きる中でしか獲得させられないのだと改めて思います。こういう子どもの気持ちが引き出せるような学級づくり、子どもとの関わりをたくさん作り出していけたらいいですね。ちょっと振り返ってみてください。

- 子どもたちは、今の自分のいったい何を自慢してくれるだろうか？
- 今日一日で、子どもたちに素敵な笑顔を届けられただろうか？
- 今日、子どもたちをさわやかな挨拶で迎えられただろうか？
- 「早く帰りなさい」と言って、教室から追い出すように帰さなかったか？
- 子どもたちに伝えたい自分の得意技はあるだろうか？
- 一生懸命勉強を教えることができているだろうか？
- 子どもたちを叱る基準を明確にもっているか？
- 自分は子どもたちにやる気を出させる存在になっているだろうか？
- 子どもの背後にいる保護者に自分の思いを伝えきれているだろうか？

　いかがですか？　こうやって、空さんの文章から自分の姿を振り返ると、いろんなことが見えてくるのではないですか。子どもの声を聞くことは大切！そんなことは、言われなくても分かっていることですが、実際に子どもたちの声に耳を傾け、子どもたちのまなざしから自分の指導をふり返ってみましょう。時々は！　そして、自分がかよ先生のように、子どもたちが自慢してくれるような担任になれていると確認できたら元気も湧いてくるはずです。そうすれば、きっとこんな文章が生まれるはず。担任バージョンとして、ちょっと捻ってみましょうか。

笑顔がすてき　子どもたちが大好き

担任のわたし

　わたしが担任する子どもたちには、じまんがあります。

　まず1つ目は、笑顔がとってもすてきなところです。なぜかというと、授業中も休み時間も、いつもにこにこ笑っているからです。子どもたちの笑顔は、教室を太陽のように明るくしてくれて、わたしを勇気づけてくれます。

　2つ目は、あいさつです。いつも笑顔で大きな声であいさつをしてくれます。わたしも、子どもたちのあいさつで毎日元気にがんばっています。

　3つ目は、みんなそれぞれ得意なことがあり、勉強も一生けんめい学ぼうとしてくれるところです。

　だけど、そんな子どもたちでも叱るときがあります。それは、友だちと仲良くしないときや、かしこくなろうとしないときにはすごく叱ります。

　それでもわたしは、子どもたちのことがすごく大好きです。子どもたちは、わたしに叱られるとかしこく、仲良くなろうとする努力をしてくれます。

　わたしは、子どもたちが、かしこく、仲良くなれるよう、がんばっていきます。

　いかがですか？ こんなふうに実感しながら、教師として日々を過ごせたら、つぶれずに明日も学校に行こうというエネルギーが湧いてくるのではないかと思います。「生きる力」を育む教育は、まずもって教師自身が「生きる力」を蓄えることから始まるのです。それは、働く時間を単純に減らすだけで、簡単に手に入れられるものでもないということは、理解しておく必要があるように思います。

やっぱり、授業。子どもたちの笑顔

　では、どこでどんなとり組みをすれば、そうしたエネルギーを得られるのでしょうか。「どこで？」の答えは簡単です。何と言っても、やっぱり授業が勝負です。昼休みがたのしい、給食時間が大好き…それでももちろん結構。けれども、授業がたのしいことは、子どもたちにとって学校で過ごす上で極めて重要な絶対条件だと言えます。

　わたしが所属している、鹿児島子ども研究センターの調査で「どんな先生が好きですか」という問に対して、小学生の第1位は「やさしい先生」（40％）、中学生は「授業がおもしろい先生」（41％）と答えています。つまり、この結果からすれば、教師の頑張りどころは、優しさの発揮や、授業のたのしさの創造だと言えるでしょう。優しくもない先生の、いい加減なとまでは言わないまでも、ありきたりの授業では、子どもたちは決して「先生、大好き」とは言ってくれません。やはり、子どもたちの教師への期待の中心は、たのしく勉強したい、わかる授業をしてほしいということなのです。きわめて真っ当な子どもたちの要求です。

　もう1つ、それではどんな授業を作っていくかということについてです。国立青少年教育振興機構が、大人になって以後のやる気や生きがいは、子ども時代の体験と密接に関連しており、小学校低学年までは友達と動植物、高学年から中学までは地域、家族とのかかわりが特に大切であるという調査結果を公表しています（「子どもの体験活動の実態に関する調査研究」2010年）。

　少年期の体験が重要であるということは経験的にも納得がいくことですが、子どもたちが育つ地域や家庭に、それを経験できる場や機会がなくなっているとすれば、子どもたちが自然に体験し、学び取ることを期待しても不可能。では、最後の砦はいったいどこなのか？　そうです。こういう指摘をしっかり踏まえた上で、意識的・計画的に実践できるのは学校という場に他ならないのです。

　そして、その学校での実践の中心場面は、誰が何と言おうと授業なのです。つまり、授業づくりは、そのことを念頭に置きつつ行っていくことが大切なのです。

　子どもたちの「いのち」が様々な形で脅かされている今、一人ひとりに自己を肯定できる力を育んでいくには、やはり、日々のとり組みを紡ぎ、その途中で自分と他者とのつながりを確認する場を丁寧に、意識的に作っていくことが求められていると思います。子どもでも大人でも、時には落ち込んで自分を否定したくなることもたくさんあります。そして、その時々では、自分を肯定できないことも当然あるはずです。１年というスパンで教育実践を構想し、とり組んだ後でその歩み全体を振り返らせたときに、「ああやっぱりいのちは大事、だからわたしが好き」と子どもたちに言わせたいですね。

　そして、そんなふうに言ってくれる子どもたちに育てることができた自分を、「ああ、実践してよかったな。いい教師になれて良かったなあ」と感じることも必要じゃないかと思います。教師自身の自尊感情を確認することも、極めて大切です。

子どもは、子どもの力で受け止め、考えを創り出す力を持っている

　では、少し具体的・実践的な話に入ることにしましょう。

　わたしは、30代の初めに保健と理科をつないで展開した性教育実践で、子どもたちからとても大切なことを教えられました。

　その頃、わたしが追究していた実践テーマの１つが、「子どもと創る」ということであり、学びの真ん中に子どもを位置づけて展開するということでした。性教育ということでは、特に大切な視点ですね。したがって、「子どもの実態から出発しよう」と考えて、事前のアンケート調査を行うところから実践をスタートさせたのです。

　初めに、「これから性やいのちの学習をやっていきますが、あなたはこの学習でどんなことを学びたいですか？」と投げかけました。

　すると、６年生のともえさんは、その答えとして次のような質問を返してくれたのです。

SEXをする時、男の人のペニスを女の人のバギナに入れる時、女
の人や男の人は痛かったりしないんですか？

さて、いきなりストレートパンチが飛んできました。みなさんは、この質
問をいったいどの様に受け止められますか？

「まあ！ ませた子どもね。なんてことを聞くんでしょ。」

「本当よね、でも、こんなことを聞かれたら大変。どうしましょう。」

「わたしは、無視だな。小学生にそこまで答えなくてもいいよ。」

困りましたね…。しかしこれは、まぎれもなく6年生の女の子が、わたし
に向かって投げかけた質問なのです。無視は、できないでしょう。わたしは
これを読んだ時、まずこの子の質問がなぜ出されたのか、その背景を知りた
いと思いました。というのも、前年度において、月経・射精・受精・性交といっ
た一連の内容については学習をしており、その際に彼女の質問内容について
も、膣分泌液の話で簡単に触れていたからです。したがって、これからとり
組む授業においては、もう一歩突っ込んでその背景にまで迫る必要があるの
ではないかと考えたのでした。

そこで、子どもたちにあらためて「質問を出した理由」について書いても
らうことにしました。すると、彼女は次のように書いてくれました。

たぶん、もしかしたら大人になったとき、このような経験をする
と思います。でも、SEXをするのがちょっとこわいような気がします。

男の人も女の人もうれしくてSEXしてるのかもしれません。だけ
ど、遊び半分でしていたら赤ちゃんができてしまって、産む時もこ
わいし、SEXするのもこわいから今のうちにいろいろ知っておきた
いです。

それに、もし、SEXしていてどうしてもいたかったらどうするん
ですか。私は、いたかったらぜったいそれからSEXもしたくないし、
もし、赤ちゃんを産むとき苦しかったら、もう一生赤ちゃんを産ま
ないと思います。でも、もしおなかにいる子どもをおろしたら、そ

　の子の誕生、一人としての人間が生まれないことになるので、それ
　はかなしいことだと思うから書きました。

　わたしは、この文章を読んだ時に、ともえさんの成長を実感しました。彼
女は、前年度の学習の時より「大人への階段」を一段上っていたのです。そ
うであるからこそ、この質問は出されたと言えます。よく「性教育は繰り返
し行うべきだ」と言われますが、学習する主体の成長の度合いに応じて、た
とえ同じテーマであってもその受け止め方は様々なのです。「それは、去年学
習したじゃないか」という返し方ではなく、今子どもたちがどこまで考えて
くれているのかを受け止め、丁寧に関わっていくことが必要だと考えさせら
れました。

子どもの質問の背景をしっかりと読み解き、寄り添う

　そこで、わたしは、「生殖の性」に関する学習では、再度、性交時の女性の
身体的反応により、痛みはなくなることを説明しました。出産に際しての「痛
さ」については、説得力がないと自覚しつつも「スイカが鼻の穴から出るほ
どの痛み」など、わたしが経験的に蓄えたたとえ話で伝えると同時に、それが、
生まれてくる赤ちゃんと母親、そして父親をはじめとする周りの人たちとの
共同作業によって成し遂げられるということを、保護者へのインタビューも
交えて学習してもらいました。さらに、多くの場合人間は他者との「ふれあい」
なくして生きてはいけず、その最高のふれあい方の１つとして性交（セックス）
があるのだと伝えました。

こうした学習を通して、ともえさんは最後に次のような感想文を綴ってくれたのです。

私は、「出産の時、痛くないのか」「性交の時、男の人はペニスを女の人のワギナに入れる時、両方とも痛くないのか」という疑問がありました。

私たち子どもも、性交や妊娠を大人になったらいずれすると思います。その時、不安があったら困るので小学生のうちに知っておこうと思いました。それからもう一つ、遊び半分で性交をして、妊娠したりしないようにするためにも知っておきたかったからです。

私は、性交をする時、最初は痛い、出産する時、叫ぶぐらい痛いと聞いて、子どもを産むことや彼を作って性交をすることがこわくなってきて、やりたくなくなってきました。けれど、授業の資料や家でのテレビを見ていると、動物の赤ちゃんが誕生してくる時、母親も赤ちゃんも一生けん命がんばって出ようとしたり、ふんばっている所を見ると産んでみてもいいかなと思います。

簡単に「産む」と言っても、決心しないとそう簡単に産むわけにはいきません。私の母は、お兄ちゃんがお腹にいる時、腰が痛くてつらかったそうです。けれど、生まれた時は、痛さやつらさを忘れて、今までになかったうれしさだったと言います。

だから、今では産んでもいいと思います。それに、もし、赤ちゃんを中絶したりしたら、自分よりも赤ちゃんの方がかわいそうだと思います。どうしてかと言うと、せっかく成長してきたのに、と中で成長を止めることになるし、一人の人間として生まれてこないし、一人の人間がいなくなってしまうという悲しいことだからです。

それに、自分と相手が結婚や性交をしたりしなければ、世界にたった一人しかいない自分が存在しないことにもなるからです。（以下、省略）

　この後、彼女は「離婚」の問題にまで拡げて書いています。一つのテーマを真剣に考えていくことで、新しいテーマにつながっていくのですね。そんなエネルギーを、子どもたちはからだの中に蓄えてそこに存在しているのです。

　同じ年の実践において、えいこさんは、次の様な質問とその背景を書いてくれました。

　　なぜ、反抗期があるのか？　反抗期が無い人もいるのか？　反抗期の人は、どんなことを考えているか？（人によってそれぞれかな？）

　　お兄ちゃんは、お母さんに何か言われたり、おこられたりすると、すぐ言い返すかぶつぶつ言いながら行動するかのどちらかです。小学生のころは優しくてあまり反抗していなかったのに、どうしてかなと思ったので書いてみました。

　　それに、自分の都合の悪いことを言われたりするとにらみつけたり、言われたら傷つくようなことを言ったりしていじめてきます。

　　中学校のことを話しているといつも通りなのに、何か言うと手におえなくなります。反抗期の人の考えや、親に対する気持ちはどうなっているのでしょうか。

　彼女は、初めに「反抗期について知りたい」というところまでを質問として出しました。再度、書かせる中で見えてきたのが、背景にある中2の兄との「緊張関係」です。

　思春期や反抗期といわれる時期は、人の一生の中で大事な成長を遂げる時期。そういう意味で、その時期のからだや心の変化、それに伴う行動の変化については、子どもたちの重要な学習課題であるわけです。問題は、それをどのように学ぶのかということ。わたしは、えいこさんの様に具体的な兄の態度や行動に悩み、緊張関係を生きている子どもにとって、一般的・辞書的な知識を学ぶだけでは不十分であり、それこそ「生きる力」にはならないのではないかと考えました。

　そこで、学びの延長として、自分のきょうだいや自分自身の気になる行動

や心理について語り合う場を一時間設定することにしました。まるく並べた
椅子に座り、はじめにえいこさんの「悩み」についてみんなで聞き取りました。

　感想を語り合い、それぞれの「現在」についても語り合う中で、彼女の抱
えた悩みが実は彼女だけのものではなく、みんな似たり寄ったりの経験をし、
苦悩していることがだんだんわかっていったのです。

　私が知りたかったことは、「反抗期」だった。みんなで話し合ったり、
自分の兄弟の事も教え合うことができた。反抗期は、親に反抗したり、
ただ少し自分中心になるのではなく、自分の意志や意見で行動できる
人間になるための大切な時期なんじゃないかなということを学んだ。
私は、「なぜ学習するのか？」と聞かれた時、「自分が生まれてきた時
の喜びや、からだのことを知るため」と答えたので、反抗期の体験も
勉強したり遊んだりする事も、全て生まれたことの喜びだったんじゃ
ないかと思った。（中略）私は、この勉強をしてきて、身の回りの動
物の子育てのこと、人間の子育てのこと、生活にあっている体の内部
の働きのこと、そして、少しだったけどいろんな人間関係の事も分かっ
たと思う。他のみんなもそうだったと思うけど、自分の未来がどうなっ
ているのかなと思ったかもしれない。もし、自分が独身でも結婚して
ても、私はいい大人になれればいいなと思った。

　えいこさんは、実践後のまとめの感想文をこんなふうに「未来」につない
で書いてくれました。

　いかがですか？　６年生である２人の学びの姿は、わたしたち教師に教育と
いう営みの素晴らしさを改めて教えてくれるのではないでしょうか。

　わたしたちは、目の前に生きている子どもたちを甘く見てはいけません。
一人の人間として尊敬しながら、丁寧に関わっていかなければ、罰が当たる。
そう思います。

　かつてわたしの先輩教師が、「子どもたちがいてくれるからこそ、わたした
ちは教師でいられる」と語り、「毎月の給料日には、子どもたちに『今月も、

みんなのおかげで生きていけます。ありがとう』と感謝の言葉を贈っている」と冗談交じりに教えてくれましたが、本当にその通りだと思います。

　子どもは、子どもの力で受け止め、考えを創り出す力を持っているのです。その力を引き出すための手伝いをすることが教師の仕事であり、それをさせてもらえる存在がわたしたちなのです。まだまだ未熟な30代初めの青年教師のわたしにとって、この授業実践は、その後の教師人生を方向付ける重要なきっかけとなるものでした。

授業実践を支える3つのだんどり

　さて、ここまで、わたしの実践の前提部分について少し詳しく述べてきました。第1章の最後に、わたしの実践展開に当たっての基本的な考え方、その枠組みについて述べておきたいと思います。
まず、わたしが実践を展開していく時、事前にあるいは同時進行的にやっている3つのとり組みがあります。これらは、実践を成立させ、それをスムーズに展開していくためにとても大切な作業となるものです。

(1) 新たな「出会い・出合い」をコーディネイトするという視点をもつこと

　大人であれば、誰もが人生が変わるような「出会い」のいくつかを経験しているでしょう。わたしにとっては、薬害エイズ患者の故・吉松満秀さんや、がんサバイバーの種村エイ子さん、職人的養護教諭であり映画にまでなってしまった故・山田泉さんとの出会いは、人生にとっての極めて大きなトピックとなるものでした。

　こうした経験から、わたしは、ほんものの「人」との出会いが、人間の成長・発達にとって欠かすことのできない条件であると確信しており、子どもたちがほんものの人と出会う「場」をコーディネイトするということが教師の大切な仕事の1つであると考えています。

　したがって、わたしの教室では、がん患者さんや妊婦さん、専門的世界でプロとして生きる人など、毎年数人のゲストを招くことにしており、大学教

員になってからも、この方針は堅持しています。もちろん、テーマによっては、隣にいる同級生や身近な家族、地域の人たちからの聞き取り学習の機会を意図的に位置づけます。

インターネット時代に、直接的対話が省かれても成立する現代社会…。今、わたしは教育実践を、できる限り個人や教室の空間に閉じたものにせず、子どもたちにつながりのある人々から、あるいはまったく知らない世界の専門家と呼ばれる人々から、可能な限り直接学びとる機会を持ちたいと考えています。こうしたつながりをベースにした学習の積み重ねの中で、子どもたちの意識の中に具体的な人間像が描き出されることによって、より豊かな人間観を獲得していって欲しいと願うのです。

(2) 学びのステージづくり、ステージ探し

2つめは、子どもたちと展開する学習のステージをしっかりと準備し、整えるということです。日常的には、教室の設営があります。わたしは、子どもたちに日々のとり組みの「積み重ね」を意識しておいて欲しいので、「五・七・五学級日記」の短冊を張り巡らしたり、節目となる学習の様子をポスターにして掲示したりするようにしていました。こうすることで、年間計画の進み具合を、子どもたちと共に視覚的に共有することが可能になるでしょう。

また、地域の中に学びの場を作ることも大切です。学校周辺の山、川、海、田畑は、四季を通じての格好の学びのステージとなるのです。たとえ市街地の住宅地の学校であっても、意識して探してみれば、学びの場やその種は案外転がっています。その気になって探すかどうかですね。

(3) 年間指導計画の保護者との共有

さらに、最も大事にしていることが、あらかじめ立てた年間計画を、保護者に説明し、協力・援助を要請することです。「モンペ」（モンスター・ペアレント）という略語が通用するピリピリとした時代になってしまいましたが、少なくともわたしの学級の圧倒的多数の保護者はとても協力的でした。どろんこ遊びのための田んぼの提供、いかだづくりや竹太鼓の材料集め、干し柿

作り、長半天作り等はもちろん、様々な調べ学習についても、年度当初のP
TAで予告し、協力を依頼するようにしていました。

　こうしておくことで、逆に保護者の側から新しいとり組みのきっかけとな
る情報が提供されたり、学習に活用できる素材が持ち込まれることもありま
した。たとえば「10月くらいには干柿作りをしたいので、生まれ故郷の田舎
で柿がなったときはちょっともらってきてもらえますか？」というふうにお
願いしておくのです。すると、その頃になると「先生、柿が手に入りました」
という連絡が入るというわけです。

　もちろん、保護者を教師の都合の良いように「利用」したり、「活用」した
りするのではありません。子どもたちを中心にしながら、教育と子育てを意
識的につないでいく、大切なパートナーとして再確認しようと言いたいので
す。保護者は、協働教育実践者として最も身近で有力な存在なのです。

６つのテーマから迫るいのちの「土台」

　わたしは、図に示したように、「いのち」を真ん中に据えながら、からだ・
自然・文化・死・食・性の６つのテーマから迫るという全体構想の下に実践
を展開してきました。

　戦後から継承されてきた「生活教育」の実践思想と方法に学びながら、各
教科、道徳、特別活動、「総合」といったすべての教育活動を、領域毎に個別
に捉えず、「いのち」という視点で総合し、関連づけながら、一年をかけてゆっ
くりと学ばせてきました。

　そして、そうした学びを、個人や教室の内側に閉じたものとせず、子ども
たちにつながりのある人々から学ぶ、あるいはそうした人々と共に学ぶとい
う意図を、この構想図において表現しています。

こうしたつながりに支えられた学習の積み重ねを通して、自分自身の存在を、学習内容や他者とつないで実感し、意味づけさせてより豊かな「自尊感情」へと高めていきたいと考えてきました。それらは、抽象的で薄っぺらな「いのちの大切さ」という認識レベルに留まるのではなく、個と集団による実感的な学習体験という「裏付け」を確実に蓄えていく学びであり、「いのちの土台」を豊かに育む学びとなるのです。

　37頁の表は、「いのち」に迫る6つのテーマとその内容、実際の教材・活動例を整理したものです。こうした枠組みは、あくまで枠として持ちながら、子どもたちと共にタイムリーな学びを創ってきました。いくつかの授業実践については、次章以降で詳しく紹介していきたいと思います。

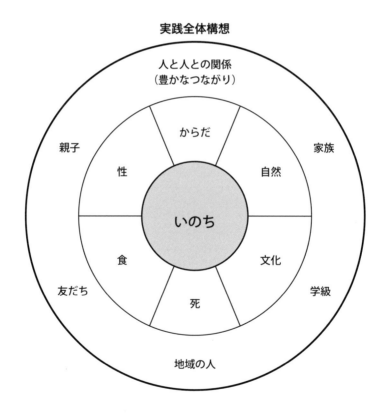

実践全体構想

人と人との関係
（豊かなつながり）

親子

からだ

家族

性

自然

いのち

食

文化

友だち

死

学級

地域の人

表　「いのち」に迫る6つのテーマ

テーマ	内容	教材・活動の例
自然	一年を通して、じっくりと「自然」を味わう。周りにある植物や土、光や雨が季節とともにある現実にふれ、それとの関わりの中で自分の「いのち」を感じとる。	• 野外活動 • 生産活動 • 自然災害
からだ	「いのち」の宿る場としてのからだ。いのちを実感するために、身体活動を通してからだの具体的な様子やあたたかさ、感触などを確かめる。また、からだの動きの合理性を科学的に学び取る（主として体育学習）とともに、車いす一日体験などを通して「障がい」の意味を考える。	• 検尿等の検診 • からだの音 • 反射 • 姿勢 • 五感 • 障がい
文化	わたしたちを取り巻く様々な文化。そこには、これまで人間が継承・発展させてきた様々な努力や知恵が込められている。文化を学ぶことで、過去に生きた人間のいのちにふれ、時間をこえて感動を共有する。	• 各教科の内容 • 学習発表会 • 伝承遊び • 手の労働（ナイフ）
死	子どもたちにとって、「死」は決して遠い存在ではない。生そのものが、実は「死」と表裏の関係としてある。死を学ぶことを通して、「今を、どう生きていくか」を考える。	• いのちの危機 • 病気 • 死 • お葬式 • 事件、事故
食	わたしたちのいのちを成り立たせる「食べもの」が、他ならぬ動植物の「いのち」そのものであるということに気づく。また、生産、収穫、加工、調理といった体験的な活動を通して、食の豊かな文化的側面を学ぶ。	• 給食 • 生産活動 • 干し柿作り • いただきます
性	いのちの感性的理解は、それを科学的な学習で補完することにより理性的認識となる。性を学ぶことによって、「なぜ自分が生まれたか」という根源的な問いの答えを自分の「存在証明」としてつかみ、自己の性的発達を主体的に受けとめる力とする。	• 成長、発達 • 月経と射精 • 生命誕生 • 妊娠、出産、子育て • 多様な性

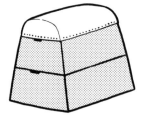

第2章

学びに向かう
「からだ」を育てる

1 子どものからだに現れる「矛盾」を 射程に入れた学び

子どもたちの笑顔が溢れる教室。
失敗しても、「ドンマイ」と声を掛け合える教室。
時には、「次は負けないぞ」と悔し涙を流せる教室。
そして、「大丈夫、大丈夫」と悲しみに暮れる友だちを見捨てない教室。

　子どもたちが、子どもらしくあたりまえに成長できるそんな教室を、子どもたちと共に作り出したい。そう願って、わたしは、1年間の講師時代を経て本格的に小学校教員生活をスタートさせました。「モンペ」も「ブラック」も知らない、希望に胸を膨らませた青年教師として。
　ところが、やはり現実はそんなに甘くはないのです。どこの世界も、学校も。
　初めて5年生の学級担任となったある日、わたしにとって、教員生活の節目となる1つ目の大きな出来事が起こりました。ちょうど、教室で子どもたちの宿題を調べていた昼休みだったと思います。数名の男の子たちがわたしの机を取り囲み、まるでからかうように問いかけました。
　「先生、セックスって何？」
　「えっ、何て？」
　「だから、セックスって何なんですか〜？」
　少年らしいかわいい笑顔が、ちょっといやらしいニヤニヤ顔に変化していました。
　「…ちょっと待って。（冷静を装って）よし、こ、今度必ず教えるから…。」
　こうして、わたしは性教育実践へのとり組みを本格的にスタートさせることになったのです。
　もちろん、性教育の必要性については学生時代から学習し、頭ではわかっているつもりでした。けれども、幸か不幸かこの子どもたちは現実の姿を通して、それを実感的に理解させてくれたのです。そしてその時、子どもは、

まさしく「社会の子ども」なのだと思いました。様々な「矛盾」を内包する社会に生きる子ども。彼らがわたしに発した「セックスって何?」という問いには、どこかから仕入れた「商業主義的性情報」の歪みが潜んでおり、彼らの育ちはそのモザイク状の怪しい世界に、確実に影響を受け始めていたのです。

　子どもたちは、子どもらしさの中で育つというわたしの子ども観は、子どもたちを深く理解できず、自分勝手に作り上げた未熟な教師の願いであり、正直すぎる理想論なのでした。けれども、この理想は、果たして全否定されるべきものなのでしょうか。わたしは、そうは思いませんでした。この理想と現実のギャップをどう埋めていくのかが、教師にとっての実践的課題なのであり、それを仕事として遂行するためにこそ、自分が今ここにいるのだというふうに考えたのです。

　この場合、理想を現実に近づけていくのか、現実を理想に近づけるのかの大きくは2つのベクトルがあるでしょう。わたしは、教師としての歩みを少しずつ進めていくうちに、その両方向を意識した現実的で具体的なとり組みが必要であると考えるようになりました。そのために、まずわたしたち教師は、見えている姿だけではない、その背景を含み込んだ子どもたちのまるごとの「いのち」にしっかりと向き合い、寄り添う必要があるのです。

　たとえば、わたしの目の前には、こんな子どもたちの現実がありました。

・朝、教室に入ると、子どもたちの何人かが必ずわたしにまとわりついて、なかなか離れようとしない。彼らには一緒に暮らす父親がいない。
・家庭訪問では、心を病み自殺未遂を何度か繰り返したという母親が「この子が今、わたしの生きる頼りです」と語る。頼りにされるその子は「お母さんに心配はかけられない」とつぶやく。
・朝から姿が見えない子どもの家に電話をかけると、今起きたばかりであろう母親が、「まだ行ってませんか?」と受話器の向こうで答える。しばらく後、その子はこっそりと教室に入ってくる。

こうした子どもたちの現実は、まぎれもなく彼らのからだとその行動を通して表現されるのです。いじめや虐待、スクール・セクシュアル・ハラスメント等、第1章で触れたように、今、子どもたちのいのちは、そのままではとても危ういものになってしまっています。

　けれども、マスコミが伝える事件事故の表面的で断片的な情報に、得体の知れない恐怖心を煽られているだけでは道は拓かれません。統計的データだけでなく、現場教師の皮膚感覚をフルに稼働させて、子どもたちの暮らしといのちのあり様をしっかりと読み解きながら、丁寧に緻密に、そして時間をかけてゆっくりと働きかけていく必要があるでしょう。

　繰り返しになりますが、紛れもなく教室と子どもたちは、社会とつながっています。社会における様々な「矛盾」は、教室の中に現れ、子どもたちの「からだ」に結果するのです。

　わたしたち教師一人ひとりには、もちろん社会の「矛盾」を変えるだけの力はないかもしれません。けれども、子どもたちをその「矛盾」を抱えて生きる存在として捉え、意識的に働きかけていくことならできるはず。今、わたしたちに求められているのは、そうした「矛盾」を射程に入れた学びの創造なのであり、そのことによって子どもたちのいのちの「土台」を豊かに太らせていくことではないでしょうか。そして、その入口となるものが、他ならぬ子どもたちの「からだ」であると考えます。なぜなら、生きているわたしたちのからだこそが「いのち」の宿る場所であり、表現の舞台となるものだからです。

　ところで、「いのちの尊さを教える」とか「いのちの大切さを学ばせる」とは、教育現場で頻繁に使用される言葉ですね。けれども、本来それぞれの心の中に宿るはずの価値観は、たとえ教師や親であったとしても他者が強制的に教え込んでよいものではありません。それは、一人ひとりの実感を伴う学びと結びついて、主体的に獲得されるものであるべきです。

　したがって、その獲得のためには、「いのち」が具体的に存在する場としての「からだ」に関する学習が、まずもってきちんと準備される必要があると考えています。とりわけ、小学校段階の子どもたちにとって、多様な角度か

ら「からだ」を見つめ、それを実感することが、重要な学習課題ではないでしょうか。

　以上、「矛盾」を射程に入れた学びの必要性について述べてきましたが、わたしはそうした学びを成立させるためにも、自他のからだそのものに目を向ける学びが、まずもって必要であると考えています。学びに向かう土台としての「からだ」つくりの作業といってもよいでしょう。

　それでは次に、わたしが行ってきたからだを柱にした８つの実践について、オムニバス風に紹介してみようと思います。これらの学習は、どれも「いのち」がここにあるのだということを実感を持って学んで欲しいと願って、毎年度初めに集中してとり組んだ実践です。「なるほどこんな感じでやったらいいのか」、「これならできそうだな」とイメージしていただけたら幸いです。

2 「いのち」はここにあるんだよ
〜「からだ」を探り、いのちに気づくとりくみ

子どもたちの「からだ」へのまなざし

　4月。新年度のスタートは、子どもたちも教師も、そして保護者も、緊張感に包まれて新しい出会いを迎えます。心地よくもあり、不安でもあり。ですから、この出会いをどう迎えるかはその後を方向付ける意味でとても重要です。できれば、しばしばよく聞く「黄金の3日間」といったノルマ達成型思考の一方的なしつけ教育ではなく、子どもと共に1年間を大切に創り上げていくために、校庭に真っ白なスタートラインを引くような、みんなのやる気が浮かび上がってくるいい時間にしたいものです。

　担任発表後、教室に入り初めての挨拶を交わした後、わたしはすぐにギターケースからギターをとり出しました。

　「進級祝いに、ギターを弾いてあげましょう。」

　おもむろにチューニングを始めると、子どもたちは弦をはじくわたしの指先に集中してくれます。ざわついていた教室が少し静かになったところで、ジャガジャーン。

　「オー。」

　小学生は、素直に喜んでくれるからたのしいですね。印刷しておいた歌詞カードを配り、ジャンジャンジャンとかっこよくストローク奏法でリズムを刻み始めます。からだの緊張がとれ、空気もだんだん軽くなってきました。

　「じゃあ、歌おう! 先生の後についてくるんだよ。」

　学年によって曲は変えますが、元小学校教師だった中山譲さんの「スタートライン」がピッタリです。ギターを弾きながら子どもたちの側に寄っていき、声が出ていない子には声を出すように促します。既にノリノリの子もいます。一人ひとりの表情と身のこなしを確認しながら、元気な子、ひょうきんな子、恥ずかしがり屋の子、人見知りな子…と大まかにリサーチしていきます。子

ども理解の第一歩はこんなところから始めます。

メロディーラインを一通りおさえた頃には、教室の緊張感はだいぶなくなっています。

「じゃあ、本番行くよ。1・2・3・4！」

…という具合のオープニングです。この日の歌の上手下手は気にしません。大切なのは、心とからだが開かれたかどうか。歌はこれから、だんだん上手になっていくものですからね。

このように、子どもたちのからだをじっくりとゆっくりと、新しい出会いの日から意識的にみつめていきたいと思います。大切なのは、子どもたちを教師の描いた一つの型に当てはめる存在として捉えることではなく、新しく出会った子ども一人ひとりを、教師が寄り添うべき存在としてしっかりと確認することではないでしょうか。そのための営みの第一歩を、たとえばこんな風にわたしは始めていきました。

からだをつくる「食」〜「いのち」を食べるわたしたち

給食が始まる新年度2日目。4時間目の算数は、給食を教材にした「食」の授業です。

『わたしたちは、○○○を食べて生きている』

わたしは、まず黒板の左上に丁寧に板書しました。

「さて、わたしたちはいったい何を食べているでしょう？」

子どもたちは、素直に「食べ物」と答えました。

「食べものを食べて生きている？」

「あたりまえー。」

「では、わたしたちの『いのち』は、何からできていますか？ 何によって支えられていますか？」

「食べ物です。」

「じゃあ、食べ物って、いったい何？」

「…。」

禅問答みたい？ 怪訝そうな顔がだんだん拡がっていきます。そこで、給食の献立表を大型テレビに写し出し、今日のメニューにはどんな材料が使われているかみんなで抜き出していきました。

牛乳、米、人参、サワラ、麦、さといも、大根、さとうきび、ごぼう、ねぎ、油、しそ…

これらを一つ一つチェックして、

「わたしたちが食べなければ、この材料はどうなっていたのですか？」

「生きていた。」「実になっていた。」「子牛が飲んでいた。」

「ということは？ 本当は、何だったということ？ 食べものになる前は？」

「いのちだった。」「いのちになるものだった。」

じっくり時間をかけて、ようやく子どもたちは、食べ物がすべて他の生き物たちの「いのち」であったということに気づきました。

「その『いのち』たちが、みんなのからだを作ってくれるんだよね。」

と語りながら、自分のからだを手で触り確認させます。

「では、みんなは、これまでにいったいどれくらいの『いのち』を食べてきたのだろうか？」

…ここから算数の学習です。

どうやったら、今まで食べた分の「いのち」の重さを調べられるか。まず、給食を使って計算で求める方法を考えることを課題にしました。

少し難しかったようですが、これもプログラミング的思考と言えるでしょう。

①給食全体の重さをおぼんごと台ばかりで量り

②食べ終えた後にもう一度量る（①から②を引いた重さが1食分の重さだから）

③1食分の重さを引き算で求めて

④これを元に、1食分 ×3回で1日分

⑤1日分 ×365日で1年分

⑥1年分 ×9年で今まで食べた「いのち」の重さが求められる

…と、計算式をみんなで導き出しました。難しい計算は、電卓使用可です。

　そしてお待ちかねの給食時間。準備ができた班から、台ばかりを使って食べる前の重さを量っていきます。新しいクラスになってからの協同作業は、こうやって知的な感じで始めるとたのしそうではないですか？　この流れで、初めての給食時間を和気藹々と進めていきます。そして、食べ終わってからの二回目の計量。結果をしっかりメモしておいて、5時間目の算数につなぐというわけです。

　計算で出した学級全体の重さの平均は、一食分が約600グラムでした。これを規準にして計算を進め、子どもたちはこれまで生きてきた9年間で、約6トンもの「いのち」を食べてきたという結果にたどり着きました。けれども、「6トン」では、なかなか量としてのイメージが湧きません。一人ひとりの体重で割って、「自分の体重○人分」と捉えさせました。

　この学習をふり返って、ますみさんは次のようにとても素敵な感想文を書いています。彼女は、人間が食べた生き物たちのいのちを支えた、その先の「いのち」の存在にまで思いを巡らせることができました。

たくさんのいのちで支えられている私

4年　ますみ

　今日は、算数の時間で、いのちの計算をしました。私は、こんなにたくさんのいのちで支えられて生きているのがすごいなと思いました。9年間でいただいた食べ物の重さは、私が208人分もありました。208人を、伊敷台小で考えると、7クラスです。とても多いと思いました。208人の私を作るいのちは、鳥何羽分か、魚は何匹分か、牛や豚は何頭分か、またその生き物を支えるためのいのちはどれだけの量か、すごくたくさんだろうなと思いました。

　いのちは、たくさんのいのちで支えられていて、それを支えるいのちがあってつながっていることがわかりました。

坂道に立つ人間のからだ

　体育の授業では、スポーツ文化に関する科学的な技術学習（わかる）をベースにした技能習熟（できる）とあわせて、からだに備わっている「感覚」や身体運動や身のこなしの合理性・美しさ等についても、積極的に学ばせたいと考えてきました。

　例えば、「からだほぐしの運動」では、緊張と弛緩の交互の繰り返しによって自分のからだを実感的に捉えさせたり、からだをぶつけ合わせたり支え合わせたりしての、他者との直接的なボディ・コミュニケーションによる学びを大切に位置づけてきました。

　こうしたとり組みの中から、どの学年でも実施してきたいくつかの面白い実践、子どもたちがたのしくとり組んだオススメのレシピを紹介してみましょう。

　ある日の授業では、人間のからだが無意識のうちにどのようにバランスをとっているのかを学ばせようと、子どもたちを学校横の坂道に連れ出しました。

　子どもたちは、案の定、毎日登下校時に歩いている坂道であっても、そこで自分のからだがどのように姿勢を保っているのか、まったく意識をしてはいませんでした。

　それを確認した後、わたしは子どもたちに、次の３つの中からどれが正しいか予想を立てさせました（さあ、あなたの予想はいかがでしょうか？）。

A：坂道に立ったとき、人のからだは傾斜に関係なくまっすぐに立つ

B：坂道に立ったとき、人のからだは重力がかかるために斜面下方向にわずかに傾いて立つ

C：坂道に立ったとき、人のからだは転げ落ちないように斜面上方向にわずかに傾いて立つ

ジェスチャーを交えて、わざと少し迷うような問い方にしました。すると、見事にバラバラな予想…予定通りです。そこで、実際にペアを組んで観察し合ってもらうことにしました。子どもたちは、1人を立たせてペアの相手が遠くから確認したり、互いに立ったまま水平方向に回転してみたりしながら、全員正解がAであることを発見できました。

5年　ゆき
　自分では考えたことはなかったけど、人間は坂道でも体がまっすぐになっていることが分かった。友だちが坂で立っているのを見ると、無理しているのかと思って、自分もやったらふつうだったので、へ〜と思った。

余談ですが、後日開かれた学級PTAの際、保護者のみなさんにも尋ねてみましたが、半数以上の方が見事に不正解でした。そうなのです。たとえ大人であっても、意識しなければ気づかないこと、考えてみなければわからないことはたくさんあるのです。

高学年であれば、この後なぜこういうことができてしまうのか、平衡感覚に関する学習として、内耳の学習へとつないでいってもよいでしょう。

とにかく、日常生活の中で、わたしたちのからだは無意識のうちにあっと驚くことをやってのけています。そういう力を備えたからだを、わたしたちはもっているのです。まずは、それに「へ〜」と、気づかせたい。そんなセンスを獲得させたいですね。そういうことが、例えば、直立歩行可能なロボットのすばらしさを理解することにもつながっていくのだと思うのです。

ステージの上から飛び降りる

　高所恐怖症とまではいかなくても、人は高いところに上がるとドキドキして脚がすくんだり、寒くもないのにからだが震えたりしますね。経験のある方には、イメージを掴んでいただけると思いますが、高いところから飛び降りてみれば、フワッとした感覚を味わえたり、皮膚の産毛を揺らすような空気の存在を感じたり、風が駆け抜けるようなからだに出合えます。

　ジェットコースターなどで感じる浮遊感のことを「エアタイム」と呼ぶそうですが、わたしは、こうした体験を簡単に体育の授業で再現できないかと考えました。からだに備わった機能の巧みさと共に、からだ自体が様々に変化する面白さに気づき、それをしっかり味わえることは、自分のからだの持ち主であり、そのからだで生き、学ぶ子どもたちにとって非常に重要なことです。

　そこで思いついたのが、体育館のステージに、移動式の階段や跳び箱を並べて高い台を作り、そこからステージ下に置いたセーフティマットの上に飛び降りる「飛び降り体験」でした。「飛び降り」なんてとんでもない（飛んでもない？）。

　大丈夫です。不吉なことを想像する必要はありません。いずみさんが書いているように、子どもたちは少しずつ高さを増やしながら、スリルと怖さを味わい、たのしく飛び降りていきます。もちろん、早々にリタイヤする子もいますが、みんながたのしむ様子に引きずられて、再挑戦。どさくさの中で乗り越えて、いつの間にか「新しい自分」を発見してしまう子も結構いるのです。

体育

４年　いずみ

　４時間目、体育でとび下りました。この前、すわるところからピョンととびおりたけれど、今日はステージの上にのって、とび下りました。下には、クッションがわりのものをしいて、とび下りました。

　　　　　一だんめ、たのしい。

　　　　　二だんめ、少しこわい。

　　　　　三だんめ、スリルまんてん！

　　　　四だんめ、高いけどたのしそう。

　　　五だんめたて、ちゃくちちょっとこわい。

　　　五だんめよこ、すこしおちついた。

　　　けっこうこわかったけど、たのしかったです。

わたし（たち）が子どもの頃は、何も授業中にわざわざやらなくても、遊びの中で十分にやっていたことなのですが、現代っ子たちの世界からは、こうした遊びはほとんど消失してしまっています。生活環境の変化やテレビゲームの浸透のせいもあるでしょう。子どもの数が減り、地域には異年齢集団がなくなって、そうした遊びの「伝授」もなされません。その上、親や教師からは、「危ない遊びはダメ！」と言われ続けているわけですからね…。

　からだが硬いな、動きがぎこちないなといった子どもたちは、クラスに数名は必ずいます。固定施設遊びなどにとり組んでみると、子どもたちがそれまでどんな運動経験をしてきたか、してこなかったかすぐに見えてくるものです。もし、明らかに多様な運動を経験せずに自分のからだをぎこちなく生きている子がいるならば、やはりわたしは、こういう体験の場も、可能な限りは学校の中で意図的に準備した方がよいと考えています。

　ある女の子は、「とんでいるとちゅうに、からだがじゅーんとなりました。」と表現してくれました。からだが、「じゅーん」となる感覚を、今どれくらいの子どもたちが味わったことがあるのでしょうか。子どもたちのからだを、意識的に、丁寧に耕していきたいものです。

「いのちの音」を聴いてみよう

「いのちって、いったいどこにあるのでしょう？」

　総合でのいのちの学習は、この質問から始めてみました。子どもたちのほとんどが、迷わず自分の心臓の辺りに手をあてながら、

「胸のちょっと左側。」

「ドッキン、ドッキンいっているところ。」

と、答えてくれました。

「そうですかあ。では、腕や足にはないのかな？」

　一瞬の沈黙の後、

「いいや、あるある。」

「からだ全部にいのちはあるー。」

「えっ、どうしてそう思うの？」

「だって、動くから。」

「血が流れているから。」

「成長するから。」

　…「いのち、いのち」と言葉ではすぐに出てくるのですが、こうして考えさせてみると、それまで意識していなかったことがたくさん見えてくるのですね。

「そうだね。いのちってからだ全体にあるのだね。」

　続いて、

「では、みんなはどんな時に『いのち』を感じますか？『生きてる』って感じますか？」

と投げかけました。すると、

「気持ちいいなあと思う時。」

「走った後、心臓がドキドキする時。」…

「そうだね。いつもはなかなか感じないけれど、何かをした時にふといのちを感じることがあるね。じゃあ、今日は、しっかりとそのいのちを感じる勉強をしてみよう。」

こうして、自分のからだを手でさわり、感触や温もりを確かめさせた後、友だちと一緒に「いのちの音を聴いてみよう」の活動に入りました。

友だちのからだに耳をあて、音を聴くという活動は、高学年になってからではなかなかできません。わたしの経験では、だいたい3年生くらいから、いわゆる「性別」を意識するようになり、仲良し集団で集まり始めるようです。

もちろん、嫌がる子どもがいるときは、無理強いしてはいけません。一人ひとりの成長段階や育ちの歴史は違います。そういう子どもたちの成長段階や構えなども丁寧に確認しながら、わたしは進めていきました。

こうした学びが、その後の学習課題となるであろう「ふれあい」としての性の学習にもつながっていくのではないかと考えています。

ほかの人の音もききたい

3年　あいき

ななちゃんが、水をのんだら「グーッ。」といいました。
わたしがのんだら、「グン。」といいました。
わたしの心ぞうは、ドキドキいいます。
ななちゃんの足の音は、ブルブルしました。

この授業に続いて、子どもたちは、本格的にからだの学習にとり組んでいきました。まずは、「からだ地図」作り。この授業のねらいは、からだの各部位の正しい名前を理解することによって、自分自身のからだについての科学的で意識的な見方を育てるということです。

子どもたちは、横たわったモデルの子のからだの輪郭をなぞりながら、太くなっているところやくびれているところなどを確認しました。性器の部分をかく時は、恥ずかしがっているグループもありましたが、しっかりとかきあげてくれました。

続いて、図書室から借りてきた図鑑を元に、各部分の名前の確認です。一つひとつの部分に名前がついているということは、からだ全体を漠然と捉えるのではなく、他と区別して、より細かく分析的に見つめることを可能にし

ます。そうして、例えば、足が痛い時には、「足が痛い」とただ訴える子どもではなく、「教室のドアに強くぶつけてしまったので、右足のかかとが痛い」と言えるような子どもになって欲しいと思うのです。

からだの反射を楽しむ…膝蓋腱反射の実験

　人間のからだには、ある刺激に対して無意識のうちに起こる「反射」と呼ばれる反応があります。誤って熱いものを触って手を引っ込める動作は、とっさの危険を回避するためのもので、脳が判断を下すのではなく、熱さという刺激に対して脊髄が筋肉を収縮させる命令を出して起こるのです。顔に水がかかる瞬間に目を閉じる眼瞼反射もその一つで、こちらは延髄反射に分類されます。

　さて、3年生の子どもたちが初めて出合う理科の授業は、この「反射」を材料に、みんなでからだをたのしむことから始めようと思いました。もちろんそのことを通して、理科学習の大事な方法である実験の意味や、「科学的であること」の1つの条件としての、再検証の可能性についても理解させたいと考えたのです。

実験に選んだのは、膝頭のくぼみをたたくと、つま先が独りでに跳ね上がるという膝蓋腱反射です。ドクターによる「脚気」の診断で知られるものだと思いますが、わたしは、小さい頃遊びの中で気付き、不思議で仕方なかったことを今でも覚えています。友だちと何度もやって笑い転げました。

　膝頭をポンと叩くと、ひょいと動いてしまう脚。わたしたちのからだの中にも、こんなに不思議で面白いことがたくさんあり、この実験は、それを簡単に味わうことのできる格好の材料です。

　「残念ながら」あるいは、「思惑通り」と言えるでしょうか。子どもたちは、この反射についてもまったく知りませんでした。

　「誰か、実験に協力してくれる人はいませんか？」

　そう呼びかけると、真っ先にあおとくんが手を挙げました。前の教卓に座ってもらい、脚の力を抜いてぶらぶらさせてもらいました。他の子どもたちも全員前に集合です。

　「目を閉じて、膝に力を入れないんだよ。」

と念押ししてから、わたしは教科書の背の硬いところで、あおとくんの膝頭をコツンと叩いてあげました。

　「うわー。」

　目を大きく見開いて、思わず声を上げるあおとくん。何が起こったのか、他のみんなには意味が未だわかりません。

　「どうした？」

と聞くと、

　「脚が、勝手に動きました！」

　もう一度繰り返すと、あおとくんは笑い出し、それを見ていた子どもたちは、早く確かめたくてうずうずし始めました。

　「では、みんなもそうなるか、班ごとに交代で確かめてください。」

　子どもたちは、グループ毎に膝の反射を楽しんでくれました。

　それでは、子どもの感想文を紹介しましょう。大人にとっては、あたりまえのことでも、子どもたちは新鮮な驚きをもって受け止めてくれるのです。もちろん理科の導入も、ばっちりうまくいきました。

はじめてのりか

3年　あすか

　わたしは、今日、はじめてりかをしました。わたしは、足をたたくとしぜんにうごくとはじめてしりました。だれがこんなじっけんをかんがえたんだろうと、びっくりしました。

　わたしも、じっけんをいっぱいして、いっぱいいろんなことをしりたいと思います。

理科は、びっくり

3年　あやせ

　理科を、はじめて村すえ先生に教えてもらいました。ひざのまんなかを教科書やじょうぎでたたいたら、なにかがおこるって、先生が教えてくれて、おとなりさんでやったら、足が前にぶらんてなって、びっくりしました。

検尿回収日のおしっこ学習

　検尿の回収日の朝。子どもたちは、とれたての新鮮な「おしっこ」を大切に教室まで運んできてくれます。この日は、本物のおしっこを、教室という学びの場に堂々と持ち込める、年に1度のとっておきの日です。

　例年、わたしは、「いのちの授業」の開拓者であった石川県の故・金森俊朗氏の実践に学び、必ず第1時間目に「おしっこ」の授業をすることにしていました。題して、「おしっこから見えてくるいのち」の授業です。

　おしっこなど、いつもは出しっ放しで、ただただ流し去るだけか、必死でがまんするだけの対象。あまり好まれる存在ではありませんね。そこで、まず初めに、子どもたちに、おしっこのイメージを発表してもらうところから始めます。

すると、出てくるのは、「きたない」「くさい」「気持ち悪い」「黄色い」…と、やっぱりマイナスのイメージばかりです。ここで、「そうだよねー。」と受け止めるのが肝心。ここが、学びのスタートラインです。

　子どもたちにおしっこの出る仕組みを予想してもらうと、ほとんどの子どもたちが、「うんこと同じように出てくる」と考えていました。そこで、人体の立体絵本を使って、食べ物の通り道を確認し、血液のはたらき、腎臓のはたらき、膀胱のはたらきを説明しました。

　その後、『きみのからだのきたないもの学』（講談社）という絵本の中の、おしっこの章の読み聞かせ。どうして女子トイレには長い行列ができるのか、アスパラガスを食べるとにおいが変わる…などのおしっこにまつわる話で、子どもたちは大いに盛り上がりました。その後は、子どもたちからの質問タイムです。

　一通り、おしっこのひみつが分かったところで、あらためて自分のおしっこを見つめてもらいます。すると、子どもたちは初めとはまったく違って、何かいとおしいものでもあるかのように、自分のおしっこをじーっと見つめてくれました。

　「いのち」の具体的なありようを、自分のからだを通して、リアルに学ばせたいと思います。おしっこは、今生きている証を見えやすく映し出す、価値ある教材です。

　おしっこは、毎日届けられる「小」さな「便」りです。もちろん、毎日届くのは小さい便りばかりではありませんね。さてみなさんは、それらからどんなメッセージを受けとっていますか？　子どもたちに何かを伝えていますか？

おしっこ

2年　けいすけ

　ぼくは、おしっこについてよくわかりました。おしっこって、きたなくないんだね。だって、ジュースをのんでおなかのなかからできているんだもん。おとうさんからきいたよ、おしっこってのむときがあるよ。先生からもきいたけど、おとうさんにきいたから、もうわかっていたよ。まだまだおしっこのことしりたいなとおもいました。

おしっこ

3年　だいち

　今日、おしっこのお勉強をして、ちょっとはすきになりました。おしっこは、みんなとくらべてみたら、ぼくのはうすかったです。たくみ君ととてもにていて、なんでかふしぎでした。
　おしっこの出口は、ぼくは、ペニスから女の人はバルバのところからです。おしっこの時間は、男の人は45秒で、女の人は79秒らしいので、じっけんしたいです。

脚のしびれを科学する

　広くとり組まれているように、わたしも、毎日の朝の会で「1分間スピーチ」のような子どもたちによる自由発表の時間を位置づけてきました。テーマは、一定期間共通であったり、その時しか伝えられないことであったり。そして、しばしばそこでの子どもたちの発表をきっかけに、新しい学習がスタートすることもありました。
　これは、筋書きにないドラマです。けれども、決して筋書きのないドラマではありません。「に」と「の」の違いはおわかりですね？ 教師としての「筋」は、きちんと持っての展開なのです。

さて、家庭訪問の期間中に、かなとさんが「脚がしびれたので、家庭訪問はき
らいです」という趣旨の正直な日記を書いてきました。みんなで「そうだ、そうだ」
とたのしく読み合った後に、脚がしびれた体験をそれぞれに語ってもらうことに
しました。すると、ほとんどの子どもたちが、何とも表現しにくい微妙な「感覚」
を披露してくれました。わたしは、家庭訪問で脚がしびれてひっくり返りそうに
なった恥ずかしい体験を紹介しました。

　ここからが学習開始です。「どうして脚はしびれるのだろう？」と問いかけると、
期待通りに「わかりません」という答えが返ってきました。わたしは、さっそく
それを自由勉強（教科に関わりなく、自分でテーマを見つけて追究する学習）の
課題にすることを提案しました。

　翌日、お母さんに聞いてみたというめぐみさんが「血液の流れが悪くなるから」
と発表してくれました。確かにわたしが調べた本にもそう書いてあったことを伝
え、もう１つ、「神経が圧迫されることによる知覚障がい」という説もあることを
付け加えました。

　実はその当時、この「しびれ」のメカニズムについては科学的に解明されてはい
ませんでした。みんなが体験したことのある身近な「しびれ」という現象がどのよ
うにして起こるのかまだわかっていないということに、子どもたちは驚き、興味を持っ
てくれました。日常生活に潜む、ミステリーの発見でした。後日談となりますが、「し
びれ」には活性酸素が関わっていることが明らかにされたという新聞記事を読んだ
のは、なんとこの実践の 11 年後の 2016 年、沖縄で仕事を始めてからのことでした。

　さて、話を元に戻しましょう。ここで終わったら面白くありません。

　やはり大切なのが「からだ」を通した実感的「学び」です。実際に、いったい
どれくらいの時間で自分の脚はしびれるのだろうか？　「ようし、実際に脚をしび
れさせてみよう」と、さっそく実験を始めることにしました。

　教室に常備しているござを広げて、みんなで正座してみると、約 10 分経過で
しびれを訴える子が出始め、もじもじしながら、「うーうーうー」とうなり始める
子も現れました。けれども、まったく平気な顔をしている子もいます。スポーツ
少年団で、剣道をしているなつきさんです。

　15 分経過…。まだまだなつきさんは頑張れそうなので、授業時間との関係で、

ここで一端実験をストップ。それぞれが自分の家でもう一度調べてくることにしました。こんな宿題なら、大歓迎の子どもたちです。

次の日、実験結果が出揃いました。15分、45分…と、子どもたちの脚のしびれ開始時間は、それぞれみんなバラバラでした。そこで、「では、なぜ結果に差が出たのだろうか？」と再び問うと、「からだの大きさの違い」、「座る姿勢の違い」、「日頃の生活経験の差」等々…ともう一歩自分たちの生活とつないで思考を深めてくれました。

自然の中に身を置き感じるからだ

低学年期のいのちの学習においては、まず五感を十分にはたらかせ、いのちをしっかりと感じとるということを大切にしたいと思います。これは、まさにいのちの宿る場所としてのからだを、豊かに耕す学びと言えるでしょう。

わたしが勤務した中山間地の小学校の校舎のすぐ裏には、くぬぎや柿、松や竹などが生える「こけけの森」と呼ぶ山があり、四季折々に素敵な空間を作り出してくれました。わたしは、その空間に漂う季節のにおいや様子を、それぞれの季節ごとに、からだを使ってじっくりと味わわせようと、頻繁に子どもたちを連れ出しました。

春には、昼寝の場所を探し、秋には柿の実をちぎって食べ、冬には、白く雪の積もった小道をキュッキュッと音を鳴らして歩きました。

子どもたちは、こんなふうに季節を綴ってくれています。

〈春〉森でねたよ

2年　ゆうあ

わたしは、ことちゃんとみすずちゃんとめいちゃんとねました。木のかげで、ねたのですずしかったです。風もふいたので、もっとすずしかったです。しょくぶつの花や草のにおいもしました。手や足が、ちくちくしたけど、とってもとっても気もちよかったです。わたしは、もう一かいねたいなとおもいました。

〈秋〉こけけにねたこと

2年　ゆうき

　こけけコースにねました。てっぺんでこうたくんとねました。セミの声がして、ふわふわしてきもちがよかったです。こけけの木からかきをちぎって食べました。すごくおいしかったです。先生のあいずがきこえなくて、ぼくとこうたくんだけこけけコースにずっとねていました。でも、あきはこんな声がするんだなあと思いました。

〈冬〉雪のこけけ

2年　たかひろ

　4時間目に、こけけに行きました。雪だらけでした。雪がとけて、雪にあたったところをふんだら、ふつうはズボッて音がするのに、ザクッて音がしたから、ふしぎでした。木の上から雪がおちてきたからびっくりしました。

　もう少し山間地にある小学校に勤めたときは、子どもたちと山菜採りを楽しみました。種子島の海辺の小学校では、子どもたちと海岸に出かけて海藻やカニを捕まえたり、水切りをしたりして遊びました。

　子どもたちのからだは、子どもたちが暮らす環境の中で育ちます。もちろん、自然豊かな環境の中でのみ育つ子どもたちばかりではないかもしれません。けれども、その中に身を置いて、からだを感じたり確かめ認識させたりすることは、自己を出発点として学びに向かうために欠かせないことではないでしょうか。

　学びに向かうからだを作ること…。繰り返しになりますが、意識的にとり組むべき重要課題であるとわたしは考えています。

感性豊かな「いのち」の学びを

　わたしは、教師生活1年目から性教育を中心とした「いのちの教育」にと

り組んできましたが、金森俊朗氏とその実践に出合い、ここで述べたような課題に対する多くの示唆を得ることができました。

　金森氏は、彼の実践の核心部分を次のように語っています。

　　いのちの学習の土台は、「生きるって素晴らしい！」という手応え、実感だ。いや、これはすべての学習の土台だと言ってもよいだろう。

　　川で泳いだことのない子どもたちが、どうして水質汚染の問題を自分のこととして受け止められるだろうか。読書によって目の前にとてつもなく大きな世界が開けたと感じたことのない子どもたちが、視覚障がい者の点字文化と読書の苦悶に共感することができようか。生きているという実感を自覚することなく、漫然と毎日の時間を過去へと押し込んでいるような子どもたちが、どうして同じ年頃の自殺をいたましいと感じることができるだろうか。

　　　　　（村井淳志・金森俊朗著『性の授業　死の授業』教育史料出版会）

　わたしは、この文章を初めて読んだとき、思わず震えてしまいました。それまでの自分の実践が、いかに薄っぺらなものであったかを衝撃的に自覚させられたからです。それ以来、わたしは、「いのちの『土台』を豊かなものに」をテーマに教育実践にとりくみ始めました。あらゆる学習活動を、生きることを実感させるとりくみと切り結んで展開したいと考えてきたのです。

　「おもしろい、ドキドキする、すっごーい、気持ちいい」…子どもたちの感性を揺さぶるような学習を意識的に創り出したい。そうしたとりくみが、既に述べたような子どもたちの様々ないのちへの不安や危機を、わずかであっても吹き飛ばすことにつながるのではないでしょうか。

　これからも、「自分のいのちが、ここにあるんだよ！」「友だちのいのちが、そこにあるんだよ！」と子どもたちが実感してくれるような授業がもっともっと拡がるように、わたしだからこそできるやり方で、これからも積極的にとり組んでいきたいと思っています。

第2章・実践のふりかえり

いのち・人権の在処<ruby>在処<rt>ありか</rt></ruby>としてのからだ

　わたしたちは他ならぬ子どもたちのからだを通して彼らの存在と向き合います。けれども、そのからだやからだによって表現される事柄を目で見えている世界でのみ捉え、対処療法的に関わるだけではほんとうに向き合うことにはなりません。見えている子どもの姿を、その生活の奥にある世界とつなぎ、丁寧に理解しながら日々のとりくみを具体的に作っていくことが求められます。そしてそのためにこそ、子どもと共に姿として見える「からだ」についての学びが必要なのです。

　本章で述べてきたように、わたしは「いのち」の学習を毎年からだに関する学びから始めることを基本にしてきました。これは、からだが子どもたちの「いのち」と人権の宿る場に他ならないという捉え方に基づいてのことですが、子どもたち一人ひとりがそうしたからだの持ち主であり、その主人公であるということを掴ませるには、まずもってからだそのものに潜むおもしろさや仕組みとつくりの巧みさについて、しっかりと学び味わう場が必要だと考えていたからに他なりません。

　ここでは、小学校教員生活においてわたしが様々な実践の中から手応えを感じ、みなさんにぜひ伝えたいと考えたとりくみについて記してみました。食や検尿に関する実践は、金森実践を中心とする過去の優れた実践に学びながら、そして姿勢制御や反射、からだの音、脚のしびれなどの実践は実際に子どもたちとのやり取りの中からヒントを得て創り出したものです。後者は、わたしの思いつきと遊び心がたっぷりと詰まったものですが、こういう実践が展開できる「自由」の保障は、教師が教師として生きるための最低条件であることを今一度確認しておきたいと思います。別の言い方をすれば、子どもたちのいのちと人権を守り育てる教育実践は、教師の人権、とりわけ教師の教育権の保障を抜きには成立しないものなのです。

近藤卓氏の自尊感情論

　「そばセット」の自尊感情論で知られる近藤卓氏によれば、自尊感情は社会的自尊感情と基本的自尊感情の組み合わせによって成り立つものとされています（近藤卓『子どもの自尊感情をどう育てるか－そばセット（SOBA-SET）で自尊感情を測る』ほんの森出版．2013などを参照）。わたしは、小学校教員時代にこの理論に出合いましたが、現場実践家にとっては極めて分かりやすく説得力のある実践的視点であると受け止めました。

　社会的自尊感情というのは、他者との比較によって生まれる優越感や他者から褒められることによってどんどん膨らんでいくものです。例えば、50M走の競争によって7秒フラットで走った子どもは、8秒フラットで走った子どもよりも速く走れたという意味において、自尊感情をより膨らませることが可能ですね。ところが、次の組で6秒フラットで走った子どもが現れたとすると、7秒の子どもの自尊感情はたちまちしぼんでしまいます。社会的自尊感情というものは、このように相対的な比較によって条件づけられるものであり不安定なものと言えるのです。

　ところが、人間は特定の悔しさや落ち込みにいつまでもしがみついているわけではありません。時間の差はありますが、そこからまた立ち直り元気を取り戻していきます。このように再び頑張ろうという「支え」を作り出す感情のことを、基本的自尊感情と呼ぶのです。

　この基本的自尊感情を獲得するには、「共有体験」が必要になるとされています。それは、1つのことをみんなで体験するという意味での「体験の共有」と、その体験の共有によってもたらされる「感情の共有」という2つの世界の共有の積み重ねから育まれるということなのです。わかりやすく例えるならば、美しい沖縄の海を一人ぼっちで見つめるのではなく、たくさんの人たちと「きれいだねー」「そうですねー」と呼びかけうなずき合いながら味わう体験と言えるでしょう。

　そうした共有体験を、近藤氏は「和紙を重ねるように繰り返すことで、少しずつ少しずつ基本的自尊感情が獲得されていく」と表現していますが、そ

うした体験の場が子どもたちの学校・学級生活そのものであり、そこで展開される学習活動だと言えるのです。したがってこの認識に立つならば、授業で子どもたちにどんな学びの体験を共有させるのか、その学びによってもたらされる個々の感情をどのように交流させ、共有させるかという課題が浮かび上がってくるのです。

からだを学ぶために

　この章で紹介した8つのとり組みは、自尊感情を育む共有体験をからだ学習として仕組むための小さな実践例、いわゆる「小ネタ」でした。これらの実践を紹介すると、「面白そう」「ぜひやってみたい」と引き取ってくださる先生方や学生さんたちがたくさんいますが、気軽にとり組めるからだ学習のための素材はその気になればたくさん見つかりますので、ぜひ積極的にとり組んで欲しいと考えています。

　ただし、それぞれの実践には子どもたちの感想文を添えているように、実はこの点が感情の共有過程としての大事なポイントとなります。つまり、子どもたちは学習（体験）の後で必ず感想文を書くことで何を学び、どう感じたかを振り返ります。そして、それを互いに読み合い交流することで、感情の共有を実際の活動場面の後の言語化による再現で刻んでいくのです。ぜひここまでを一まとまりの過程として捉え、実践していただきたいと思います。

　そして、もう1つだけ付け加えておきたいことがあります。それは、身体接触を伴うボディ・コミュニケーションを行うにあたって配慮すべき点についてです。子どもへの身体接触については、家庭での虐待等によりマイナスの経験をしている子どもの存在を念頭に置いておかねばなりません。身体接触は、ケアやふれあいにつながる望ましいものとの前提（機械的理解）に立つことで、こうした子どもが存在するということへの配慮を忘れてしまってはならないのです。従って、ここで紹介したいくつかの実践をそのまま子どもたちに適用することの危険性については認識しておく必要があるでしょう。

　もちろんこうした実践は全面的にできないとするのではなく、これに参加する子どもたちの意思を確認し、決して無理強いはさせないということです。そしてもちろん、そのような配慮の上に子ども達のからだを豊かに耕すことを意識した実践を積極的に展開すべきであると、わたしは考えています。

　ぜひ、みなさんも子どもたちのからだを拓く実践を創り出し、たのしく展開してみてください。

第3章

「いのち」をみつめる
〜生と死を考える〜

1 子どもとともに「死」を見つめ、「生きること」を考える

「死」から学ぶこと

　人間はそれぞれ、様々な別れを個別に経験し積み重ねながら、「死」というものを少しずつ理解していきます。大切な人やペットを失った事実を悲しみ、時間の流れの中でそれを受容して、そのつながりを記憶という形で心に住まわせ生きていくのです。

　宗教的な話は別にして、死んだらどうなるのかについては、誰もその答えを知りません。したがって、「死」をテーマに学ぶ目的は、「死」そのもの、あるいは「死後の世界」を知ることではありません。もちろん、「死」の3つの要素とされる、普遍性(人はみな死ぬ)・不可避性(誰も避けられない)・不可逆性(死んだら生き返らない)については、子どもたちの認識レベルを確かめ、もし曖昧であるならば子どもたちの発達段階にふさわしい内容を、適切な方法で学ばせることも必要でしょう。

　そのことを前提として、「死」から学ぶことは、今生きている自分自身の「生」を有限なものとして捉え、だからこそその「生」をどう生きるかを考えてみる作業、あるいは考えていくためのきっかけをつかむ作業であると捉えています。学校教育の中で「死」をテーマとする学びの場を持ち、「いのち」について考え合う時間を子どもたちと共有することで、彼ら自身の「生きる力」の形成、充実へとつなぐことができればと考えています。

「死」をテーマにした学びの場

　わたし自身の「いのち」の学習へのスタンスは、それを教育活動全体を通して展開するということであり、「死」というテーマについても同様です。基本的には、教育課程に明記された各教科や特別の教科道徳、総合的な学習の

時間、特別活動などの学習活動に関連づけての展開と、教育課程外の日常的な生活場面においての展開ということになります。

　まず、各教科等でのとり組みの例としては、「一つの花」や「ちいちゃんのかげおくり」「やまなし」などの国語科における文学作品を素材とした学習や、理科学習における「植物の成長」での植物が枯れるところまでの観察、保健「病気の予防」での学習などが挙げられ、少し意識するだけで「死」と関連づけて展開可能な単元は複数存在します。

　そして、もう1つの学びの場は、朝の会、帰りの会、給食時間などのいわゆる「すきま時間」において、「死」をタブー視せず、機会を捉えて話題にすることです。もちろん、必然性のないところで語る必要はありません。例えば、学級は子どもたちがそれぞれにもつ「ドラマ」の集合体ですから、時々は家族や親戚の人が亡くなり葬儀に出席する子も出てきます。わたしは、そういう時は（決して強制ではなく）可能な範囲でその時の自分の気持ちや葬儀での人々の様子を伝えてもらうようにしていました。これは、その子にとって決して残酷なことではありません。しっかりと、その悲しみを教室全体で受け止める大切な時間として準備するのです。涙を流して語る子どもの姿と言葉は、つらい悲しみを抱えたクラスの仲間の姿として、学級の子どもたちの心に残り、「死」を理解していく一助にもなります。そしてもちろん、悲しみを語り伝えた子どもにとっても、それはすぐには薄らぐことはないかもしれませんが、悲しみとともにある今の自分を丸ごと受け止めてもらえた安心感を手にする時間だったのではないかと思っています。

　さらに、事件や事故など、マスコミが伝える人の死に関わるニュースを丁寧に読み取ったり、家族を対象にした「いのちの危機」の聞き取りの結果を報告し合ったりするなど、意識的・継続的に展開するようにもしてきました。子どもたちの教室は、このような悲しみや苦しさをも共有し合えるものになってこそ、一人ひとりがたのしく安心して生活できる「居場所」となるのだと思います。

　それでは、わたしがこういうとり組みの必要性を認識するきっかけとなったできごとと、そこから始めた「死」に関する実践記録を紹介してみたいと

思います。1996年、教師生活10年目。ちょうど、鹿児島大学の大学院に通いながら二足のわらじを履いて修士論文作成に取り組んでいた時期でもありました。わたしの実践構想の枠組みは、ここから大きく拡がっていくことになります。

突然届いた手紙

　2学期の理科を中心に「いのち」の学習を進めていた頃、思いもかけない人からの手紙が届きました。差出人は、種村エイ子先生（当時鹿児島短期大学講師／鹿児島文庫の会代表）。それは、これから紹介する「死」の授業のきっかけとなる大切な手紙でした。

　読み進めていくと、金森俊朗氏の著書『性の授業・死の授業』（教育史料出版会）が紹介してありました。氏は、出産間近の母親や末期ガン患者を実際に教室に招くなどして、子どもたちに「いのち」を実感として学ばせています。さらに、そうした取り組みを「いのちの始まりである性と終焉である死を両端から挟みつけ、生を鮮やかに浮上させ追究していく」と表現しながら、性の授業とあわせて「死の授業」の必要性を指摘しているのです。

　なるほど、本の紹介の手紙だったか。しかし、種村先生がなぜわざわざ…？

　すると、えーっ。その後に書かれた内容がより重要な中身でした。私は、職員室を出て、もう一度一人の教室でその手紙をゆっくりと読み直しました。

　「…がんになって、改めて命には限りがあることを実感しました。『死』を見つめることは、ほかならぬ『生』を見つめることでもあることも。自分らしい『生』を貫くために、どうすればいいのか、必死で模索してきました。この2年半、そういう意味では、密度の濃い日々でした。…」

　そこには、ご本人が5年生存率20パーセントのがん患者であり、また、『知りたがりやのガン患者』（農文協・1997）の出版準備中ということが記されていたのです。私が、もしがん患者になったら、その事実をこんなふうに受け止められるのでしょうか。種村先生にとって、この2年半という時間は、どんなに重たいものだったのでしょう。正直なところ、私は圧倒されていま

した。

　さっそく私は、金森氏の著書を読み、「死の授業」の必要性を再確認した時点で、種村先生の「声をかけてください」という言葉に甘えたいと思いました。種村先生の話をぜひ子どもたちに聞かせよう、先生と子どもたちの出会いの場を作ろうと思ったのです。

「死」の授業の必要性

　私は、それまで性教育を「生」教育と捉え、生き方の問題として展開しようとしていました。しかし、やはりどちらかと言えば誕生（スタート）に重きを置いたものであり、実践を重ねるうちに、それだけでは不十分なのではないかと感じ続けていました。

　そして、その不十分さを補うものが、他ならぬ「死」というテーマではないかと考えていたのです。しかし、どうしても授業実践としてとり組むにはためらいがありました。生きている人間にとって、「死」は最後に経験していくはずの最も大きな恐怖でしょう。それは、得体の知れない不気味なものであると同時に、何人も避けることのできないものです。だから、人間は「死」から遠ざかりたい、「死」を意識することからも遠ざかりたいのです。教師である私も人間である以上、この思いは変わりませんでした。

　しかし、一方で子どもたちに人間のいのちのおもみが実感されているのだろうかと考えさせられる現実もあります。「いじめ」や「自殺」に象徴される、いのちの存在自体が否定される出来事が日常的に起こっていることを踏まえれば、自信を持って「そうだ」とは言えない現実があるのです。もはや「死」を遠ざけてばかりはおれないのではないか、いいえ、「いのち」を実感させ、ほんものの「生きる力」を獲得させたいと願う教育実践にとって、「死」は、今後より重要なテーマになっていくに違いないと思ったのです。

　もちろん、だからと言って、「死」を道徳主義的に子どもたちの前に差し出し、「いのち」の大切さを押しつける手段にしてしまってはならないし、その意味では、先の金森氏の「挟みつける」という視点がより重要ではないかと

思います。したがって子どもたちに「死」を語るためには、やはり「いのち」（性）についての科学的な教育内容の準備と、それについての豊かな学びの場の保障が前提条件になると考えました。

子どもたちは「死」をどう捉えていたか

　種村先生をゲストに招いての特別授業は、わたしの図々しさと先生の心の広さ、そして学校長の柔軟性により、スムーズに開催が決まりました。そして、3月11日、わたしが担任する5・6年生ばかりでなく、全校児童と保護者、全職員を対象とする、「いのち」の特別授業（年度最後の授業参観日に実施）として開催されることになったのです。

　ところで、「いのち」の学習を、保健と理科で「誕生」や「からだのしくみ」という角度から行ってきた子どもたちは、そもそも「死」をどのように捉えているのでしょうか。わたしは、種村先生の授業の前に、まず、子どもたちの頭の中を覗かせてもらうことにしました。

　　　——死んだらどこに行くんだろう。からだが骨になったら、どんなことを考えてくるんだろう。一回死んで、もう一回人間になれたらいい。
　　　——「1番大切なものは？」と聞かれたら、「いのち」と答えるだろう。ぎゃくに「1番いやなものは？」と聞かれたら、「死」と答えるだろう。死を恐れない人なんていない。
　　　——死ということがきてしまうと、人の歴史が終わったということになってしまう。死は、まあ言えばまくしめということだ。

　子どもたちは、原稿用紙、3枚〜5枚にも及ぶ作文を一気に書き上げました。彼らが作文を書く姿からも伝わってきたのですが、子どもたちにとって、「死」は、重大な関心事であり、学習のテーマに据えることは十分可能であるとそのとき感じました。さらに、子どもたちの「死」のイメージは、大人たちの

それとどれほどの違いがあるのか。裏返しに見えてくるものは、大人自身が
それに応えられないでいる現実の姿です。

　「死んだ先」のことについては、誰にも分かりません。したがって、子ども
たちに「死」を語ることは、死後の世界を語ることではないのです。それは、
霊の存在や天国・地獄の遠い世界の話ではなく、現実の世界…つまり、一人
ひとりの「生」に引き寄せて考えてみる作業なのではないのか。大人が思う
以上に、子どもたちは「死」を考えられるかもしれない。もっと「死」を現
実に近づけ、そのおもみを実感させよう。種村先生は、その課題にきっと応
えてくださるはずだ。わたしは、子どもたちの作文を読みながらそう考えま
した。

　そして、この作文をすぐに種村先生に送らせてもらいました。もちろん、
種村先生はこの作文を踏まえて、当日の話を組み立てて下さいました。

ゴールがあるから一生懸命生きられるんだ

　種村先生の特別授業は、穏やかな語りにふわっと吸い込まれていくという
感じで、あっという間に過ぎてしまった１時間でした。自らの体験を交えて
の話は、穏やかな語りであるがゆえに聴く者の心に一層響き、しみ込んでい
きました。

　がんとわかる前の心境、５年生存率 20 パーセントと告知された時の絶望感、
「死」を見つめ前向きに生きていくことを勇気づけられた本のこと、そして、
「死」というゴールがあるから一生懸命生きていけるのだということ…。

　子どもたちは、先生から目も心も離しませんでした。たった一人の１年生
もじっと話を聞いていました。お母さん方も涙を浮かべながら、何回も頷か
れていました。自分が経験してきたいくつかの「死」を思い浮かべながらの
ことだったそうです。授業が終わってから、１人のお母さんが「先生、やは
り子どもたちに『死』を語っていかないといけませんね。」と語られました。

　そして、子どもたちは、次のような感想文を種村先生あての手紙として書
いてくれました。

種村先生へ

5年　とも

　ぼくは、初め村末先生が、がんにかかっていた種村先生という人が、野下小にくると言ったとき、ぼくは、がんにかかっているんだから、気の弱そうな人かなと予想していた。ぼくも、がんにかかったら、気が弱くなると思っていたからだ。

　ところが、五時間目の初め、見た人はとてもがんにかかったとは思えない人だった。がんになってはじめは、少し気が弱かったけど、だんだん本を読むうちに生きていこうという勇気がわいてきたと言っていたけど、もし　ぼくだったら、ぜったいもうだめだと思っていたにちがいないと思います。

　これで思ったことは、スタートがあるからゴールがある。だから、そのゴールまでをどう生きるかで、一つの命の重さがかわってくるんだと思った。ぼくは、まだスタートしたばかりなので、種村先生よりも、もっともっとがんばってゴールにむかおうと思った。今日、種村先生に会って、命の大切さやおもみがみなおされたと思った。

5年　よしのぶ

　ぼくは、種村先生といっしょで、あまり死については考えていないでした。それはなぜかというと、まだまだ先の事だと思っていたからです。種村先生は、49才の時にガンになられて、5年以上生きるかくりつは20%だったんですね。ぼくだったら、たぶんがっくりして生きる気力も無くなると思う。しかし、種村先生はがんばっているからまねしたいなと思いました。

　それから、種村先生は本を読むのがうまいなあと思いました。ぼくは、種村先生がしょうかいしてくれた本を読んでみたいなあと思いました。ぼくは、とくに「100万回生きたねこ」がとくに好きです。

　これからは死についても、ぼちぼち考えていこうと思いました。種村先生、今日はありがとうございました。

「死」の授業とは

　種村先生の特別授業を終えて、明らかに子どもたちの「死」への認識が変わりました。それは、「死」を自分の「生」につないで考えることができたという意味においてです。授業前の作文では、必死になって「わからない」世界を探る対象であった「死」が、ゴールとして今の自分の生を輝かせる目標としての「死」として認識し直されたのではないかと考えます。もちろん、すべてが理解されたわけではありません。たった1時間ですべてがわかってしまうほど、簡単な問題ではありません。

　しかし、種村先生の授業は、がん患者として一足先に「死」を見つめることができた「先輩」として、そしてそのことによって「いのち」を輝かせて生きている人間として、私たちにまだ気づかぬ大切なことを伝えてくれました。「死」の授業とは、「死んだらどうなるか」ではなく「どう死んでいくか」、「どう生きていくか」をみんなで考える場なのだと、その時わたしは引き取ることができたのです。

2 にわとりの「いのち」を見つめた 6ヵ月

　春先の杉花粉には少々悩まされることもありましたが、目の前には田んぼ
が広がり、校舎裏には使い勝手のよい小さな森がある、そこはとても素敵な
学び舎でした。保護者が森の中に作ってくれたアスレチック場は、子どもた
ちの大好きな遊び場であり体力作りのコースです。校庭には学校、いや地域
のシンボルである大きないちょうの木がそびえ立ち、秋口には吸い込まれそ
うな青空に鮮やかな黄色を浮かび上がらせていました。

　毎年、秋の運動会シーズンにはあのつーんと酸っぱい強烈な香りがあたり
をとり囲みます。けれども、このいちょうの実(ぎんなん)がPTA活動にとっ
ては重要な資金源なのです。保護者も子どもたちも協力して収穫作業に精を
出す。そんな自然溢れる山里の小学校がこの実践の舞台です。

「食」から出発する「いのちの学習」

　わたしは、子どもたちが創造し、獲得したさまざまな学びの成果が、彼ら
のいのちを支える「土台」を形作ると捉えています。そして、その「土台」を、
より豊かで確かなものにするには、個々の学習をバラバラに進めていくので
はなく、可能な限り自分たちの「いのち」と結び、それぞれを互いにつなが
り合うものとして総合的に構想し、展開していく必要があると考えています。

　79頁の図は、いのちの宿る場としての「からだ」を出発点としながら、そ
のからだ自身を作り、支えている「食べ物」を中心に展開した5年生におけ
る「いのちの学習」の全体像です。

　給食の献立チェックと重さ調べを通して、子どもたちは、小学校に入って
からの4年間で、約3トンもの食べ物を食べ、それがすべて他の生き物たち
の「いのち」であったという事実を驚きを持って受け止めました。そして、
その衝撃を、社会科での「食料生産」学習、それと密接につながる理科での「天

気と気温の変化」の学習、ひいては保健・学活での「からだ」（性）の学習へとつないでいきました。

　また、当時この学校では、「総合的な学習の時間」において、10月末に実施する1泊2日の宿泊学習に向けた総時数52時間の「サバイバル21in高山」という学習が組まれていました。宿泊学習での食料は、材料からすべて自分たちで調達し、調理することになっており、それまでの学びの成果を実際の体験活動の中で活かすことが可能です。何と魅力的な教育課程でしょう。わたしの実践プランは、どんどん膨らんでいきました。

　こうして、「サバイバル」の学習は、子どもたちとの話し合いも踏まえて、図中に示したような5つのプロジェクトを編成して進めることにしたのです。

　これから紹介していく実践は、この中の1つ、「にわとりプロジェクト」を中心としたとりくみです。

2005「いのちの学習」の全体像（各教科その他のつながり図）

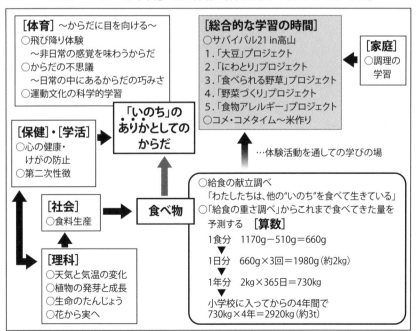

にわとりのひながやってきた

　「10月の宿泊学習に向けて、ひよこからにわとりを育て、本番で殺して食べるという学習にとりくみたいと考えています。子どもたちに、食べるか食べないか、半年間悩み抜く経験をさせ、『いのち』について見つめ、考えさせたいのです。」

　4月の第1回学級PTAで、わたしは保護者の皆さんにこう切り出しました。すると、たちまち異論・反論続出。「そんな残酷なことを、わざわざ学校でやる必要があるのでしょうか」「それより、いのちの誕生の素晴らしさの方を教えてもらいたいです」。覚悟はしていた反応でした。

　5年生を担任することが決まったわたしは、さっそく「年間指導計画」を片手に一年間の実践プランを構想しました。そして、まずとり組みたいと考えたのが、この学習だったのです。

　かつて多くの家庭で日常的にあった「食」の裏側にある生き物の「死」と、見えない世界でそれに携わっている人々の「存在」。これを、学びの場で浮かび上がらせ、今ここに在る自分の「いのち」につないで考えさせたいと思ったのでした。ただし、この実践はリアルでグロテスクな部分を含み込むことが予想されるだけに、保護者の理解と協力を得なければ、展開不可能だと考えていたのです。

　なかなか引かないわたしに業を煮やしたのか、一人のお父さんが、「とり組みを始めるところから、子どもたちに決めさせてはどうですか」と発言してくれました。ありがたい、助かった。わたしはその時、そう思いました。何とかこの意見に助けられて、「にわとり学習」スタートの決定権は、子どもたちに預けられたのです。

　2時間の話し合いの結果、子どもたちは、「とり組む」という結論を出しました。鹿児島市の川上小学校でとり組まれていたアイガモ農法の実践の様子についても学んだ彼らは、「価値ある学びになりそう」「こんな学習は、今しかできない」と受け止めてくれました。もちろん、子どもたちの発言は、まだまだ表面的でした。学習のスタートを決めてくれた子どもたちに感謝しな

がらも、改めてこの子どもたちにこそリアリティのある学びが必要なのだと
思っていました。

　5月15日、夕方職員室に電話がかかってきました。ひなの手配をお願いし
ていた、かなとさんのお母さんからです。実は、学級ＰＴＡの後、かなとさ
んのおばあちゃんが、校区内にあるブロイラー工場に勤めておられることが
わかったのでした。電話の内容は「明日、ひなを持っていきます」とのこと。
さあ、いよいよ本格的に学習開始です。

　翌日、3時間目に、5羽のひながやってきました。卵からかえって約2週
間しか経っていないというひなたちは、想像以上にたくましい姿でした。最
も大きなひなは、その時点で何と 1.2 kg もありましたが、「ピヨピヨ」とかわ
いい声で鳴いていました。その時、このアンバランスさが食肉用に改良され
たブロイラーの特徴（宿命）であることを、わたしはあまり深く捉え切れて
はいませんでした。

　実は、品種改良された肉用種のブロイラーは、採卵用のにわとりや同じ肉
用種の地鶏よりも成長が極端に早く、半年後の10月に宿泊学習で食料にする
という計画においては、短かすぎる「いのち」だったのです。そして、この
ことがその後の学習の展開に大きな影響を与えることになります。

　さて、5羽のひなは、それまで学校の飼育小屋に1羽飼っていた烏骨鶏と
同居させることにしました。小屋に仕切をしていると、子どもたちはこんな
会話をしていました。

　「名前は、どうする？」

　「食べるために飼うんだから、名前は付けない方がいいんだよ。」

　「そうだよ、名前で呼んでいたら『愛情』が湧いてしまって食べられなくなっ
てしまうよ。」

　子どもたちは、このとり組みをただ単ににわとりを育てるのではなく、あ
くまで「食べる」という目的を持ったとり組みとして理解していることを確
認できました。

いのちの「連鎖」を学ぶ

　6月3日、1番小さかったにわとりが突然死んでしまいました。その日は、30度を越える真夏日でした。人間で言う、熱中症だったのでしょう。にわとりには汗腺がないため、暑いときは、呼吸数を上げることでしか体温調節ができません。この時、小屋に日陰を作ることまでは配慮しておらず、照りつける日光は直接にわとりのからだをじりじりと熱したのでした。

　異変に気づいたのは、昼休み。集まった子どもたちは、ダンボール箱ににわとりを移し、飲み水も入れて、木陰に運びました。ハアハアと荒く息をするにわとりに風を送り、からだをさすりながら、必死で助けようとしましたが、結局その思いは届きませんでした。5時間目が終わってから、みんなでにわとりの体の「死後硬直」を確認して、土に埋めました。

にわとり

5年　ちえこ

　にわとりを最後にさわってみて、体全体が固まっていました。そして、足は血が通っていなくて、足の感触はプニョプニョしていました。くちばしのさきは、少し開いていました。死ぬ前は目を開けたりしていたけど、小屋の中では顔から倒れている状態で、わたしはびっくりしました。

　わたしは、どうして死んでしまったんだろうと思いました。えりなちゃんは、熱か日射病と言っていました。だけど、にわとりが一生けんめいに立ち上がろうとしたので、生きたい気持ちがあったんだなあと思いました。（後略）

　それ以降は、こまめに暑さ対策を施し、ひなたちは順調に成長を続けていきました。6月末には、最も大きい1羽が4kg近くにまでなり、わずか2ヵ月ですっかり立派な成鳥に育ちました。

　ところで、経済価値としてのブロイラーの寿命は約60日だそうです。つま

り、遺伝子的には60日くらいで成鳥となり、食肉用に解体できるようにプログラムされているというわけです。これは、裏を返せばにわとりのいのちが約60日間しか保障されていないということでもあります。わたしがこのことを知ったのは、実は7月16日、2羽目のにわとりが死んだ時点でした。その翌日も、続けて1羽死んでしまったため、がっかりしながら墓を掘る子どもたちに、わたしは次のように語りました。

「ブロイラーの平均寿命は、約60日ということだった。産業としては、できるだけ早く育てて肉に加工しなくてはならない。このにわとりたちは、初めからそういう『いのち』としてつくられ、生まれてきたということなんだね。」

子どもたちは、2羽のにわとりの死を（操作されたものではあっても）「寿命」として冷静に受け止めながら、自分たちの「いのち」と結びつけて捉えてくれたようでした。

そして、この2日後、まさに想定外のドラマが起きました。飼育小屋のそばに埋めたにわとりの死骸が、何者かによって掘り返されていたのです。校舎の裏はすぐに山になっています。おそらく、イタチかタヌキの仕業でしょう。にわとりを埋めた場所から点々と続くにわとりの白い羽をみんなで追って行くと、山の中に残されたにわとりの片足に辿り着きました。

言葉としては認識していたはずの「食物連鎖」。子どもたちは、森の中で、自然界のつながりをリアルに認識することになりました。

にわとりプロジェクトの学び

　ここで少し、にわとりプロジェクトの学びについてふれておこうと思います。彼らは、にわとりの成長の様子を毎日スケッチブックに記録しながら、「総合」の時間には、①にわとりの昔と今、②種類、③育て方、④病気と健康管理、⑤解体方法、⑥料理といったテーマで調べ学習を進めていきました。
祖父母や父母にインタビューをし、にわとりが昔から「食生活」を支える身近な存在であったことや、正月や祝い事の際には、自分の家でよくにわとりをつぶして食べていたことなどを調べてきました。「大切に育てていたにわとりが、いつの間にかいなくなり、気づいたときには食卓に並んでいた」というエピソードなども交えながら。

　また、にわとりのさばき方については、「初めににわとりの首をつり、血を抜くために動脈を切る。血を抜いたら、お湯に五分程度つける。五分たったら、羽を一羽ずつていねいにむしり、むしり終わったら内臓を取り出し、頭と足を切って料理にする。」（まとめの冊子より）というようにまとめ、徐々に「食」を意識した学習へと近づいていきました。鳥肉料理についても、からあげ・チキンハンバーグ・さしみ・やきとり…等々、12種類のレシピを完成させました。

　けれども、「にわとり学習」そのものにピンチが訪れます。夏休みに入ってさらにもう1羽が死んでしまったのです。最後に雌の1羽だけが生き残りました。2学期がスタートした時点で、このにわとりは卵からかえって4ヵ月目。宿泊学習の本番まではあと約2ヵ月ありました。

　10月に入ると、地元の市来農芸高校畜産科の山口善継先生を講師に招いて、にわとりに関する特別授業を実施することにしました。「にわとりプロジェクト」の子どもたちの調べ学習が進んでいき、わたしの知識では対応できなくなるにつれて、専門的な知識を持っていらっしゃる方の話を伺う場を持つ必要があると考えていたのです。

　山口先生は、今、わたしたちが食べている「いのち」が「モノ」としてしか考えられていない現実にも注意を促しながら、子どもたちの質問に答える

形で、種類や特性、食用肉としての特徴など、にわとりに関する様々なことを丁寧にわかりやすく説明してくださいました。

「正論」を前に圧倒される「食べない」派

　「さあ、このにわとりを食べるのか、食べないのか。そろそろ結論を出す時がきたよ。」
　宿泊学習本番を10日後に控えた10月17日、わたしは子どもたちにこう切り出しました。
　いよいよ、学習のクライマックス。彼らの視線は、最後に生き残った1羽の雌鶏に注がれました。話し合いの前に、わたしは「全員一致で『食べる』と決めたときだけ食べられる」という条件を出しました。「食べたくない」という子が一人でもいたら、それを無視することはできません。これは、教師として当然の教育的配慮でしたが、子どもたちも全員躊躇なく賛成してくれました。
　さあ、討論開始。食べる派は8人、食べない派は3人です。わたしは、司会役に徹しながら、彼らの発言を促し、耳を傾けました。
　「少しかわいそうな心があるが、食べるために育てているし、食べなかったらそのまま死ぬから食べます。」
　「食べるために育てたのだから、殺して食べないと意味がないと思います。」
　食べる派の子どもたちは、圧倒的多数。堂々と「正論」を語りました。一方、食べない派は、
　「一羽しかいなくなって育ててきたのに、殺して食べるのはかわいそうです。」
　正論を前にして、自分たちの感情を弱々しく伝えました。食べる派は、にわとりを食べるために、3人の考えをひっくり返さなくてはなりません。
　「これまで、何のためにこのとり組みをやって来たのですか！」
　ストレートな言葉で圧倒していきます。
　「質問に答えられないのは、ぼくたちの思いに近づいているからじゃないですか？」

たくさんのペットを飼っているえりなさんは、涙をいっぱいためていました。
「みんなは、にわとりが好きじゃないんですか？」
　彼女の精一杯の反論には、
「好きだけれど、その気持ちをおさえて食べようと言っているのです。」
と返ってきました。とうとう３人は口を結び、立ちつくすしかありませんでした。
　こうして、第１回目の話し合いを行った翌日、全員が食べる派になったのです。

子どもたちが出した結論

　たった一夜にして食べる派へと転じたえりなさんは、「よく考えてみれば、やっぱり食べるために持ってきたんだから…。」と、その日の日記に綴っていました。他の２人も同じでした。正論を前にした強制的な軌道修正だったのでしょう。
　これに対して、「あの時流したえりなちゃんの涙がうそのようだ。」
と、もともと食べる派だったあやかさんは、日記で疑問を投げかけました。そこで、わたしは、この日記を手がかりに、もう一度子どもたちを揺さぶりたいと思いました。
　反対していた３人は、本当に納得してはいない。ひょっとしたら、このにわとりは、すでに殺してはいけない存在になっているのではないか。少なくとも、食べない派の３人にとっては、愛情を注ぐ対象となってしまっている。そうであれば、まわりの子どもたちにそのことに気づかせること、そういう友だちの存在を共感的に理解させることこそがより大切なことなのではないのか。たとえ、当初の目的からは逸れたとしても。…わたしは、そんなことを考えていました。
　「君たちは、にわとりを『食べる』ことが価値あることだと言っています。それは正しい。しかし、にわとりを殺す場面をできるだけリアルに想像してごらん。本当に、150日かけて育てたにわとりを、殺せますか。隣の子が、『殺してほしくない』と願っている姿を知りながら、本当に食べることができま

すか。」

　一人ひとりにゆっくりと問いかけると、子どもたちの顔が少し変わりました。しーんと静まりかえった教室で、子どもたちは次々に涙を流し始めました。

　「…やっぱり、殺せない。」

　わたしは最終的な結論を、ここで出してもらうことにしました。子どもたちの表情から、一歩深まった段階での結論が出せると判断したからです。結果は、9対2。「食べない派」が逆転していました。延べ5時間、5月からのとりくみを土台にしての討論を終えました。

やっぱり殺さない

5年　えりな

　わたしは、最初に殺さないだったけど、「殺す」の人が8人いて、その話ではにわとりは食べるためにかってきたとか、他にもいろいろあって、わたしは自分の気持ちを押し込めて決めていました。だから、このことで自分の言いたいことは、はっきりと相手に言おうと決めました。

　にわとりを殺すか殺さないかで、わたしは1回目は殺さない、2回目は殺す、3回目最後の結果はやはり殺さないと決めました。それは、やっぱり見たくないところやかわいそうなところがあるからです。だけど、1番強く感じるのは1羽しかいないにわとりを、まだ生きられるまで見守っていてあげたいからです。（中略）わたしは初めてでした。こんなに1羽のにわとりを大好きになったのは。

最後の一羽が死ぬ

　サバイバル学習が終わって2週間後、ついに最後のにわとりが死んでしまいました。農芸高校の山口先生から、「飼い方次第では、1〜2年は生きるかも知れない」と教えてもらっていたので、子どもたちは「食べない」と決めた日から、このにわとりを「どれだけ生かすことができるか」に目標を切り換え、世話を続けていました。

　平均寿命60日のブロイラーが、丁度その3倍の長さを生き、その間に、実にたくさんのことを教え、考えさせてくれました。みんなで、ある程度覚悟はしていたのですが、やはりその突然の死は、子どもたちに大きな悲しみを運んできました。

　みんなで穴を掘り、お別れをしてから土に返しました。そして、1時間をかけて、これまでのにわとりプロジェクトの学習を振り返りました。子どもたちは、次のように、そのとり組みの中での学びをまとめてくれました。

最後の一羽のにわとりの死

5年　あやか

　朝、学校に来て飼育当番だったので、走って飼育小屋に行きました。そして、エサをあげようとしたら、にわとりが死んでいました。わたしはびっくりして、みんなににわとりの死のことを伝えました。

　にわとりは、180日間生きました。わたしは、60日間しか生きないブロイラーが、3倍も長生きしたので良かったと思いました。でも、にわとりを埋める時、にわとりが固くなっていて、ひとつも動かなくて、悲しくて、にわとりがかわいそうでした。

　わたしは、サバイバルで食べなくてよかったと思います。にわとりは苦しい思いをして死んでしまったと思うけど、180日間を精一杯生きたと思いました。わたしたちも精一杯生きないといけないなと思いました。

　わたしは、死についてよく学ぶことができました。自分に関係す

> る人や生き物が死ぬと悲しくなるので、今を大切にしないといけな
> いと思いました。だれだっていつかは死んでいくけど、精一杯今を
> 生きればいいと思いました。

　このとり組みのきっかけは、食べ物を通して「いのち」をリアルに見つめ
てもらいたいという願いでした。生きるために、いのちをいただく。わたしは、
表面的な「かわいそう」を乗り越えて、「いただきます」の世界をしっかり
と見つめることから、いのちの成り立ちの意味を学んでほしいと思っていま
した。
　この実践で、果たしてそれに十分迫れたかと言えば、まったく自信はあり
ません。けれども、子どもとともにつくりあげたこの学習は、実にドラマチッ
クな展開をし、生きた「学び」を生み出してくれたと思っています。3月に
卒業していった子どもたちの「卒業文集」には、何人もの子どもたちが小学
生時代の一番の思い出として、この「いのち」の学習について綴っていました。

3 HIV 感染予防と 「共生」について考える

　山間部の小規模僻地校。わたしは、20 代の終わりから 30 代の初めの 6 年間、全校児童 15 名の子どもたちとの家族的な雰囲気の中で、教師生活を過ごしました。「過疎化」という現実問題の厳しさに悪戦苦闘しながらも、子どもたちや学校のおかれた現実から出発しなければ成立しないという教育条件は、青年教師の自分にとって主体性と創造性とを存分に発揮できる、やりがいのある場でもありました。

　ここで紹介するのは、5・6 年生の複式学級の子どもたちとともにとり組んだ、1990 年代初めのエイズにかんする実践と、そこからの学び返しの記録です。

エイズを知ればエイズにならない

　1987 年 1 月、日本で最初のエイズ患者が認定されました。これを起点として、エイズを巡る問題が深刻化し、それに関する出版物やテレビ番組を頻繁に目にするようになるのですが、暫くの間、わたしにとってのエイズは、どこか「遠い問題」でしかありませんでした。今考えれば、社会の直面する課題と教室とをつないで思考する「センス」を、その当時まだ十分に獲得できてはいなかったのだと思います。

　けれども、その後ついに「エイズを知ればエイズにならない」というテレビ CM まで登場するに到っては、さすがにわたしの「関心・意欲・態度」をそのままにしておくことはできなかったのです。

　そこで、とりあえず大まかな計画を立て、エイズの自然科学的側面である感染予防と、社会科学的側面である患者・感染者との共生を 2 つの柱にして、学習を進めていこうと考えました。

　ところで、感染予防と共生とは、もともと矛盾を孕んだ概念です。現在、

新型コロナウイルスの感染拡大が、全世界的規模で大問題となりその克服が緊急課題となっていますが、図らずもこの矛盾が早々に顕在化してしまいました。感染拡大とともに、感染者への差別・偏見、そして猛烈なバッシングとなって。

　従って、この2つが、「1＋1＝2」式の表面的な学習に留まるならば、その「矛盾」を到底乗り越えることはできません。もっと言えば、この2つが別々のこととして何ら矛盾も引き起こさない個別の知識として、子どもたちの頭の中に「うまく」格納されてしまいかねません。しかしながら、この段階でのわたしは、エイズに関する科学的認識が感染者・患者に対する差別と偏見を取り除くのだという浅薄な理解と安易な確信によって、そのことを問題として、あるいは実践課題としてはほとんど認識できてはいませんでした。

　エイズ学習1年目（1992年度）の実践では、子どもたちは、次のような感想文を残しています。

　　ライアン・ホワイト君は、周りからひどい差別を受けていました。学校にも行けず、かわいそうでした。周りの人が差別をするのは、エイズについて正しく知らないからでした。まるで、前の僕たちだと思った。エイズにならないようにしたい。

「震える自分」の存在

　翌年、この実践の弱さと2つの間の「矛盾」を自覚せざるを得ない決定的な出来事がありました。それは、薬害エイズ被害者で鹿児島県在住の吉松満秀さんとの出会いです。その場面を、ある研究会で報告した際のレポートから取り出してみます。

　　「…それまでにエイズに関する基礎的な知識は身につけていたつもりである。エイズの症状、免疫システムの破壊、『日常生活』で感染

することはないということ。そして何よりも『差別・偏見』のおか
しさを。…初対面の人だからだろうか、患者さんだからだろうか…
それは自分自身にもわからなかった。とにかく、そのドキドキを引
きずったまま病院へと向かった。次第にドキドキは高まる。緊張し
たときに起こる体の震え。一体、何なのだろう？

　…病室のドアを開けると、Ｍさんがベッドの上に座っておられた。
そこにはまさしくＭさん本人が、『生きている人間、病気と戦ってい
る人間』として座っておられた。

　…話をしながらも『普通にしよう』と妙に意識している自分が普
通でないことに気づいていた。別に、Ｍさんを怖がっていたのでは
ない。感染するかもしれないと恐れていたわけでもない。ただその時、
『普通でない自分』がそこにいた。

　…それから、１〜２時間、わたしはＭさんの話に引き込まれていっ
た。そして、本から得た知識がようやく現実のこととして認識できた。
と同時に、ドキドキもどこかへ消え失せていた。」(当時吉松さんは、
氏名非公表のためＭさんと表記)

　子どもたちに、どれだけ「共生」について考えさせることができていたの
でしょう。感染予防の問題と、差別・偏見の問題とを余りにも簡単に結び付け、
語ってはいなかったでしょうか。授業者である自分自身が、Ｍさんの前に立っ
た時、緊張し震えてしまった現実とは何だったのでしょうか。この出会いに
よって、わたしが初めて気づいたことは、わたし自身の「確信」のいい加減
さに他なりませんでした。

「震え」をこそ学習の中心に

　吉松さんを前にしたわたしのからだと心の震えは、エイズに関する自然科
学的認識と社会科学的認識との「矛盾」の、リアルな現れであったと捉えて
います。それは、「差別意識や偏見は持っていない」と思い込んでいた自分自

身の存在を明確に認識させることにもなりました。そして、本物の「共生」を考える上で、避けては通れない問題を浮かび上がらせたのです。

　あの時の震えを忘れてはならない、震えをこそ学習の中心に位置づけなくてはならないと思いました。もちろん、ただ震えているだけでは何の力にもなりません。未来を生きていく上での力にはなりえないのです。やはり、子どもたちにはそれを乗り越えるための学びが求められるのだと考えました。どんな学びがそれを可能とするのか。わたしは、何日もそのことを頭に置いて過ごすことになりました。

　そして、長いトンネルの先にようやく光が見えてきたのです。無意識のうちに震えてしまったあの出会いを、わたしは、やはりそれ以前に身につけた知識によって対象化することができました。つまり、子どもたちに必要なのは、そうした自分自身を「対象化できる力・対象化して捉える力」なのではないか。感染予防の知識と共生に関する知識が、現実場面では簡単に折り合わないことがあるという体験を擬似的にではあっても授業の中で経験させたい。そのために、心の震え、つまり苦悶する学習過程を作り出すことを、授業づくりの課題にしようと考えたのです。

「本当には分からない」・めぐみの揺れ

　こうして次年度（93年）の実践は、このことを意識して進めていきました。決してきれいには進みませんでしたが、吉松さんからの手紙（子どもたちが、エイズについての理解を深められるように書かれたもの）を、授業の導入段階で読み、授業の感想文を「Mさんへの手紙」という形で書くことで、患者・感染者の存在を明確に意識した授業づくりを心掛けました。子どもたちの内面を交流させ、自分自身の「揺れ」を見つめさせようとしていったのです。

　経過の概要と子どもたちの学びの様子を、5年生のめぐみさんの感想文で読み取っていただきましょう。

「わたしが、もし感染していたら、そのことを話さないと思うけど、友だちが感染していたら『言った方がいいよ。』と言うと思います」（第1時）

「わたしは、エイズ患者の方は何もしないでうなされていて、ただねたきりなのかと思っていました。でも、Mさんはとても元気で、ワープロでお手紙などをうっており、びっくりしました。…わたしは、エイズの方がいても、ぜったい差別をしないで、一緒に仲良く遊んであげたりしたいです」（第2時）

「わたしは、最初、もし友だちが感染していたら自分は友だちに説明しないけれども、感染者には『説明しなさい』と言うと書いていました。けれども、ジョナサン君のビデオを見たら、わたしもきちんと勇気を出して説明したいと思います」（第4時）

「わたしは、Mさんと同じで、やっぱり名前を言わないと思います。自分が差別されるのはいつもと違った、心にぐさっとくるものがあると思います。本当は、自分が健康な人だから、自分が患者の気持ちになってやろうと思っていても、本当にMさんのようにはできないので、（自分の名前を）言うか言わないかは、本当には分かりません。でも、今は『言わない』が、わたしにとっては思っていることです。…わたしが、本当にHIVの勉強をして、役に立つ日があればいいです。わたしたちが大人になる時は、差別の無い国にしたいと思います。」（第7時）

　人権や共生に関する学習では、安易に答えを求めてはならないと思います。わたしたち大人にとっても、依然としてそれは大きな課題なのです。その課題解決への糸口を、子どもたちとともに考え出す作業の場として、「子どもとつくる授業」が必要なのだと、この実践を通してわたしは考えていました。

「病気戦隊・エイズレンジャー」発言

　新しい年度（94年度）を迎え、続けて高学年複式学級の担任になりました。これまでに紹介してきたエイズ学習を行った新6年生・5人と、新5年生・5人の10人の学級です。

　5月の連休を過ぎたある日、下校準備をしていた5年生の男の子たちの会話の中から、突然「病気戦隊エイズレンジャー」という言葉が聞こえてきました。あるテレビ番組のタイトルを真似た、エイズ患者に対する差別的表現です。わたしはハッとさせられ、反射的に言葉を発しようとしましたが、同時に「この場面で、6年生はいったいどう反応するのか？」という考えが浮かび、それにブレーキをかけました。

　そこでわたしは、5年生にではなく6年生に向かって、「今の言葉が聞こえた？　何か言いたいことはない？」と促しました。けれども、残念ながら子どもたちは黙って顔を見合せるだけでした。

　無理もありません。5年生は、エイズに関する断片的知識しか持ち合わせていないのです。そんな彼らに、その言葉が含み持つ意味を伝えることは、6年生にとってそれほど容易なことでないのは明らかです。

「突然だったから、考えをまとめるための時間が必要だね。」

「うん。」

「どれぐらい時間が必要かな？」

「…明日まで。」

　子どもたちは沈黙の中身を、宿題として持ち帰ってくれました。

「先生、みんなで話します」

翌朝教室に入ると、6年生がみんなで集まっていました。

「どう、準備はできたかい？」

「一応ね。先生、みんなで順番に話すから。」

「そうか、ちゃんと段取りも考えたの？　じゃあ、朝の会の終わりにやって

もらおうね。」

　子どもたちは、これまでにどんな力を身につけてくれたのだろう。それを
もとに、今回彼らはどんな言葉で語るのでしょうか。前年度の実践では、確
かに手応えはあった（と思う）のですが、結局「差別はいけません」式の話
で終わらないかという不安がないわけではありませんでした。

　朝の会が終わり、5人は、リレー形式で話を進めていきました。

　ひさえさんは、まず5年生の発言が差別にあたるのだということをやんわ
りと指摘しました。そして、「エイズは、免疫システムの破壊によって起こり、
確かに現段階では治らない病気だが、他にもそうした病気はある。だから、
エイズだけを差別するのはおかしいのです」と投げかけました。

　続いて、のりこさんとひろたかさんが、HIVの感染経路と感染から発病ま
での経過について説明しました。この部分はかなり難しく、言葉だけでは分
かりにくい説明ではありましたが、前年度に使った授業の資料を引っ張り出
して復習した内容について、彼らなりに一生懸命話してくれました。

　それを踏まえて、めぐみさんは、患者・Mさんからの手紙を引用しながら、
「わたしたちは、感染者・患者と一緒に生活できる」と語りました。「HIV感
染者はおばけなんかじゃなく、みんなと同じ人間なのです」と。

　そして最後に、ようこさんが「この問題をみんなで考え続けよう」と訴え、
結びました。

　「○○君が、『エイズイエロー』などと言って、注意することができなかっ
たわたし達もまだ本物ではありませんが、差別はいけないと知っておくのも
大切なことです。わたし達も、まだまだくわしいことは分かりません。これ
から、どのような差別が社会にあるのか知りたいと思っています。みんな一
生懸命生きています。みんな勉強して、『あっ自分はこんなことをしていたん
だな』と気づくことができればいいと思います。」

　うまくつながらなかったり、曖昧なところもあるにはありましたが、5人
が話してくれたその内容は、わたしの予想をはるかに超えたものでした。5
年生も、身近にいる6年生がエイズについて学習し、深く考えていることに
驚きながら、次のような感想文を書いてくれました。

> 「自分はエイズかんじゃのことを差別し、ばかにしていたのでとて
> もいけなかったと思います。ぼくも今からは、ひろたか君たちみた
> いに、エイズの人たちのことを考える人になりたいと思いました。
> 社会がエイズかんじゃを差別しないよう、ぼくも協力したいです。」

　その後の話から、6年生は下校後、めぐみさんの家で準備のための話し合いをしていたことが分かりました。昨年度の授業資料やノート、エイズ学習特集の学級通信などを持ち寄り、みんなで復習をしながら全体の話の展開を考えたといいます。そして、テーマを分担して発表原稿を書き、リハーサルまでしたのでした。

　わたしは、子どもたちがバラバラにではなく、みんなで考える場を作ってとり組んでくれたことに感動しました。そして、「すごいじゃない。5年生の反応もよかったよ。」と、彼らに5年生の感想文を手渡しました。

授業をつくることで子どもが学んだこと・わたしが学んだこと

　複式学級での、性やエイズに関する学習内容の構成に悩んでいたわたしにとって、このとり組みは、重要なヒントを与えてくれました。

　複式学級を有する多くの学校では、理科や保健の指導計画については2年サイクルで作成しており、この限りでは内容構成の問題は生じません。たとえば、5年生の時に6年生の理科の内容を学び、6年生の時に5年生の理科を学ぶという計画です（もちろん系統性が強固に関係する内容についてはこの限りではありませんが）。

　けれども、子どものニーズに則したテーマを臨機応変に取り入れたり、学級活動等の別枠で展開しようとすれば、同じ内容を2度学ぶということが起こりうるのです。つまり、5年生の要求内容が、6年生の既習内容に重なってしまうという問題です。そういう場面では、時々「6年生は、ちょっと黙っててね」ということになってしまうのですが。

　そこでわたしは、この問題を克服するために、ここでのとり組みをヒント

にして、テーマによっては〈6年生がつくる5年生への授業〉で追求しよう
と考えるようになったのです。

　そして、この年、性とからだの学習の最後のテーマが再び「エイズ」でした。
したがって、5月の取り組みを、もう一度〈6年生がつくる5年生への授業〉
として発展させることにしました。授業日は、卒業式の前日。まさに「卒業
記念の授業」というわけです。

　まず、6年生は、5年生へのアンケート調査を行い、彼らの「学びたいこと」
を整理しました。その中で彼らは、次の3つのことに気づきます。

　①学びたいことの中身のほとんどが、感染予防に関する「自分中心」のこ
　　とであること
　②それは、過去の自分たちと全く同様の結果であるということ
　③やはり、差別・偏見の問題は語る必要があるということ

　6年生はこれらを踏まえ、約2週間の準備を経て、次の2時間の授業を行
いました。

　【1時間目】①エイズの症状　②エイズウイルスの発見　③感染経路
　【2時間目】④感染から発病まで　⑤エイズと差別・偏見　⑥患者Mさんのこと

　授業は、自作の教具を用いたり、一方的な話にならないよう、5年生との
やりとりを取り入れながら進められました。いつもはやんちゃな5年生が、
真剣な6年生の授業をしっかりと受け止め、考えている様子が印象的でした。

　授業後、6年生は次のような感想文を書いて、中学校へと旅立っていきま
した。

6年 めぐみ

今日、エイズ学習を進めて、免疫システムのことや感染経路のことについて、5年生がきちんと理解してくれるか心配でした。わたしも免疫システムのことはあまり分かっていなかったのでこれを機会に知ることができたので良かったです。

差別のことは、もっと詳しくいろいろなことを取り上げれば5年生ももっと分かって、差別・偏見はしてはいけない、と分かったんじゃないかと思いました。わたしたちが、こういうことを少しでもしていって、障がい者の方や、HIV感染者の方、エイズ患者の方への誤解が少しでも減ればうれしいと思います。

教育実践における「わかったつもり」の危険性の気づきは、わたし自身の教育観の拡大をも迫るものでした。さらに、複式学級という条件下で行った、「子どもとともにつくる授業」のとり組みは、学級の実態からの必然として行ったものでしたが、その後のわたしの授業づくり研究にとって大きな発想の転換をもたらすものとなりました。

教育実践とは、子どもも学び教師も学ぶ「修学旅行」のようなものだと、今、改めて考えています。

4 仲間とともに「いのち」を見つめ 語り合う教室

　2014年7月26日に、佐世保市で起こった高校生による同級生殺害事件は、現実の「いのち」を巡る状況に対する教育という営みの「無力さ」を、われわれに最悪の形で突きつけました。当然のことながら、これまでの実践の中味や方法は丁寧に検証され、再構築されなければならないでしょうが、すでに多くの指摘があるように、「道徳教育」や「いのちの教育」の機械的・強制的な展開では、もはやこうした現実に対応できないということも自覚すべき事実でしょう。

　決して「教育万能論」に陥ってはならず、子どもたちに関わる全ての人々が、その持ち場持ち場で子どもたちの内面世界を引き取り、実効力ある彼らへの関わりを、協力して柔軟に作りだしていかなければなりません。

　そうした自覚の下で、わたしたち学校現場ではどのようにとり組んでいけばよいのでしょうか。教育は万能ではありませんが、決して無力ではないということもまた確信すべき真実なのです。

いのちの学習の実践枠組みと視点

　子どもたちに、「君たちにとって、一番大切なものは何？」と問えば、「ゲーム」「妖怪ウォッチ」「グローブ」「お金」…といった答えの後、最後には大体必ず「いのち」という答えに落ち着きます。わたしたち教師に課せられた役割は、この子どもたちの「いのち」という答えに対して、あらゆる学習を通して、より豊かで科学的な、そして実感ある後ろ盾（根拠）を獲得させていくことであろうと思うのです。

　そのため、わたしの「いのち」の学習実践は、36頁の図のような構造で構想し、「いのち」を真ん中に据えて、それに6つのテーマから迫っていくというスタイルで展開してきました。

　すべての教育活動を、それぞれの領域として個別に捉えるのではなく、「いのち」という視点で関連づけながら、一年をかけて総合的に学ばせていきたいと考えています。そして、その学びを、個人や教室の内側に閉じたものとせず、子どもたちにつながりのある人々から、あるいはそうした人々と共に学ぶというスタンスでオープンに作りあげたいと思います。

　既に述べたように、わたしの教室では、がん患者さん、妊婦さん、自分の子どもの難病と闘ったお母さん、エイズボランティア等々、毎年何人かのゲストを招いて授業をしてもらったり、テーマによっては、隣にいる同級生や身近な家族、地域の人たちからの聞き取り学習の機会を意図的に位置づけたりしてきました。

　こうしたつながりをベースにした学習の積み重ねの中で、自分自身の「存在」を、学習した中身と他者との関係性の中で実感的に捉え直させ、意味づけさせて「やっぱりわたしってすごい」「だから、そのままのわたしでいい」という「自尊感情」につなぎたいのです。それは、しつけ主義的で道徳主義的な学びではなく、具体的に「いのち」を生きる個の関わり合いによるリアルな学習体験をくぐり抜けた「いのちの大切さの後ろ盾」を幾重にも蓄えていく学びなのです。

いのちの学習の前提

　ところで、「いのち」の学習と密接に関わる「生命尊重教育」について、精神科医の松本俊彦氏は、あるインタビューに答えて大変重要な指摘をしています。

　　実は自殺予防教育の中では、生命尊重教育が一番悪い教育と言われています。自殺のリスクを抱えている子どもたちは人から殴られたり、虐げられたり、いろいろされてるんです。「いのちが大切」ならなぜこんな目に会うのか、自分のいのちは別なんじゃないかって。それから生命誕生の話で「みんな歓迎されてこの世に生まれてきた」といわれる。でも、親からいつも「あんたなんて生まなきゃよかった」

とか言われたりしている。つまり生命尊重教育をされる度にますます「自分は違うんだ」「他の人とは違うんだ」って、却って辛くなっちゃうんですね。そこを踏まえて欲しい。自傷行為の経験者は、1割いる。10人に1人が、そういう問題を抱えて生きているという認識を持つ必要があるんです。
（村瀬幸浩「インタビュー・松本俊彦さんに聴く」『季刊セクシュアリティ』53号、エイデル研究所）

　子どもたちに「いのち」を語る際、彼らの現実から乖離した内容や掴み取らせたい価値優先の授業になっていないか、わたしたちは、このことにしっかりと注意を払うべきです。よかれと思って飲んだ薬が、とんでもない副作用をもたらすことさえあるのと同じ。したがって、「いのち」の学習にあたってまず必要なことは、一人ひとりの子どもたちの生活とその内面世界とをできるだけ把握し、理解しておくことだと思います。

　そのための手立てとして、わたしが実践していることは、毎日の生活日記（綴り方）指導と金森氏に学んだ「手紙ノート」や教科の学習作文による子どもたちの相互交流の場です。手紙ノートでは、子どもたちとのやりとりの中から「夢中になっていること」「経験したいのちの危機」「抱えているストレスとその解消法」等のテーマを決め、輪番で綴り、1時間目の初めに読み合わせ・聞き合わせをして、意見交換や感想の交流を行います。日々の忙しさの中にあっても、軽んじてはならない、意識的な子どもたちへの寄り添いの時間です。

　こうした、学級の日常生活の土台の上に「いのち」を学び合い、大切にし合う空間＝「学びのステージ」が築かれるのです。

道徳「『いのち』を見つめる」の授業

1. 授業のねらい

　具体的な授業実践例として、道徳の時間に行った「死」をテーマにした「いのち」の学習実践の2回目を紹介したいと思います。尚、第1回目には、自分自身の死という視点（一人称の死）から、大切なものを1つずつ失っていくという死の疑似体験学習を、参観授業での親子学習として実施しています。

　この授業では、1人の少年の死を巡っての家族の姿を描いた作文（109頁資料）を中心教材として、大切な人を亡くすという視点（二人称の死）から考え合うことにしました。ここで大切にしたことは、子どもたちが抱いている「生」と「死」のイメージを、別々の対極にあるものとして捉えさせるのではなく、それが表裏の関係として一体になっているということに気付かせることです。生きているものにしか死は存在しないし、それを意識することはできないのです。このことに気づくことで、生きること、「今」を大切に生きていこうとすることを学んで欲しいと願い位置づけた授業でした。

2. 指導略案（106頁参照）

3. 子どもの感想〜作者への手紙

　授業後の感想文は、教材文の作者への手紙として書かせることにしました。学習のまとめとして、わたしは子どもたちに必ず感想文を書かせることにしていますが、以下に紹介するように作者への手紙とし相手意識を明確にすることによって、自分の経験したことをしっかりと見つめ、それを踏まえて書いてくれるのです。

わたしは２歳の時、４２度という高熱が出て入院しました。詳しくは覚えていませんが、かすかに苦しんだことは覚えています。「苦しみ」それを知己君は何年も味わってきていたんですね。

彩さんの作文で、「心にしまっておこう」「前向きに生きていこう」…わたしはすごく心に残りました。わたしも昨年、父のおばが急に倒れて亡くなりました。今の時期の十一月がちょうど一年忌です。亡くなったと聞いたときは、胸がドクドクして、涙があふれてきました。もともと目が見えず、わたしは何もできなかったことしか思うことがありませんでした。父の実家に行き、白く冷たいおばの体を見て、わたしはいっとき何も言葉にできませんでした。おばあちゃんとわたしのおばは、焼く前に二人で泣いて、なかなかボタンを押していませんでした。だから、彩さんの大事な弟を亡くした思い、ものすごくわかります。

命の大切さを改めて教えてくれた知己くんに感謝したいです。彩さん、これからも知己君の分まで頑張ってください。

4年　にこ

　今日、知己君のことを道徳の授業で知りました。彩さんがお姉さんとして、弟のことを守っていた気持ちはよくわかりました。

　わたしも弟を死産で亡くして五年になります。四歳の時に亡くしました。弟が死産で生まれたとき、どんな気持ちだったのか覚えていません。でも、悲しい気持ちであったことは覚えています。

　彩さんにとって弟の知己君は大切な存在だったと思います。弟は命の大切さ、前向きに生きるということを、彩さんにわかってもらえてうれしかったと思います。

　わたしも、今では開き直って前向きに生きています。彩さんの作文を読んで、今までよりももっと前向きに生きようと思いました。彩さんは、弟にとってとてもいいおねえちゃんだったと思います。

表　指導略案

過程	主な学習活動	主な発問と予想される反応	時間	教師のはたらきかけ・留意点
気づく	1．これまでとり組んできた「いのち」の学習についてふり返る。	○「えんぴつ」ってどれですか？「いのち」ってどれですか？	8	・目には見えない「いのち」について考える。
	2．「生きていること」「死んでいること」のイメージについて交流する。 3．学習課題をつかむ。	○「いのち」は「生きている」ことと結びついています。 みんなの、生と死のイメージを交流してみましょう。		・事前のアンケートの内容をまとめて提示する。 ・「死」に対する態度のアンケート結果を示す。 ・『手紙ノート』（回覧ノート）の作文による子どもたちの「死」の経験等も踏まえ、学習課題を設定する。
	「大切な人が亡くなること」の意味を考え、自分の「いのち」をみつめてみよう。			
見つめる・つかむ	4．知己さんの写真を見て、気づいたことを発表する。	○これは西村知己さんの写真です。何か気づいたことはありませんか。 ・点滴を受けている。 ・入院しているようだ。 ○知己さんは、小児がんのため1年生で亡くなりました。 ・かわいそうに。 ・どんなふうに亡くなったんだろう。 ○題名を伏せて朗読する。	30	・場所、様子からわかること。 ・知己さんと授業者とのつながりについて紹介する。 ・作文を印刷したものを配布。
	5．作文「○○○、知己」を読む。	○どんな場面ですか？ ・知己さんがなくなる場面。		・作文に書かれている基本的な事実を簡単に押さえる。
	6．事実関係を整理し、感想を出し合う。 ・小児がん ・学校	○知己さんはだれに見守られ亡くなりましたか？ ・家族		

過程	主な学習活動	主な発問と予想される反応	時間	教師のはたらきかけ・留意点
見つめる・つかむ	・友だち ・家族の関わり ・運動会 ・急変 ・7歳2ヵ月での死 7．この作文の作者の思いについて考える。	○感想を発表して下さい。 ・最後まで生きようとした知己さんは素晴らしい。 ・ぼくもこんな風に精一杯生きたい。 ・家族は最後まで支えてあげた。 ○この作文を書いた彩さんは、この作文にどんな題名をつけたと思いますか。 ○彩さんは、「ありがとう、知己」という題にしました。 ・知己さんに感謝しているんだ。 ・生きる力をもらったお礼。		・なぜそう思ったのか、理由を大事に聞きとりを進める。 ・子どもたちの言葉から、人と人とのつながり／いのちの大切さを紡ぎ、浮かび上がらせていく。 ・作者の心に寄り添って考えさせる。 ・理由も併せて発表させ、しっかりと聞くようにさせる。 ・なぜ「ありがとう」なのか。そこに込められた家族、彩さんの思いと願いに気づかせる。
深める	8．作者・彩さんへのメッセージを書く。	○彩さんへの手紙として、感想文を書き、発表しましょう。	7	・目には見えない自分の「いのち」をしっかりと見つめ直し、書かせる。

子ども自らつかみとる学びを

　「いのち」の大切さとは、決して教え込むことはできず、子どもたち自身が掴みとるものであると考えています。「おもしろい、ドキドキする、すごい、気持ちいい」…もっともっと子どもたちの感性を揺さぶるような学習を意識的に創り出す必要があるでしょう。

　そしてもちろん、その前提としては子どもの実態に沿った「科学教育」としての性教育を含む「いのち」についての丁寧な学習の積み重ねが不可欠であることは言うまでもありません。

「自分のいのちが、ここにあるんだよ！」

「友だちのいのちが、そこにあるんだよ！」

　子どもたちが実感してくれるような授業を求めて、歩みを前に進めたいと思っています。

ありがとう、知己

野間小学校5年　西村　彩

　「知己、メガレンジャーが助けてくれるよ。」

　父の声に、知己は息をふき返し、ピーッ、ピーッという機械の音が、再び鳴り始めました。

　「知己いいぞ。目を覚ませっ。」

　「がんばれ、絶対負けるなっ。」

　知己の小さな手をぎゅっとにぎりしめたまま父と母とわたしはさけび続けました。

　知己は、2才の時にお腹にしゅようができ、それから2年半もの間、大学病院に入院していました。2回の大手術を乗りこえ元気になったと喜んでいたのもつかの間、今度は、白血病にかかっていたのです。体の抵こう力がなく、走り回ることもできません。週に1度の輸血と月に2度のずい液をとるという治りょうにも1度も泣かずにたえてきました。

　「神様、どうか知己を助けてください。」わたしは、あふれてくる涙をふきながらいのり続けました。

　知己が、種子島へ帰ってきたのはちょうど2年ほど前です。家族がやっとそろって、家の中が急に明るくなったようでした。

　「お父さん、お姉ちゃん、見て、見て。」

　入学式の前日、ぴかぴかのランドセルを背負い、制服をいつまでもぬごうとせずにげ回ってばかりいた知己。わたしは、毎日手をつないで学校に行きました。薬のふく作用でかみの毛がうすく、せが低い知己がいじめられたりしていないか、具合いを悪くしていないか心配で心配で休み時間ごとに様子を見に行きました。わたしの心配とは逆に、知己は友達といつもあばれていました。母がむかえに来ても、友達と帰ると言って聞きませんでした。

　「お姉ちゃん、国語の本読み教えて。」

　ある日、知己は学級のみんなにあわせて本が読めないとがっかりして帰ってきました。

　「よし、お姉ちゃんと練習しよう。」

　わたしは、知己と二人で夜おそくまで何回も何回も大きな声で読みました。

　「親子リレーに出たいよう。」

　運動会が近づいてきたある日、知己がとつ然いいだしたときは、みんなびっくりしました。

　「申し込みの日が過ぎているからだめだよ。」

と父がこまった顔をして言いました。無理をしては学校を休む知己

の体のことを心配していることが分かっていたので、わたしは何も言うことができませんでした。でも、いつも体育服に着がえて一人ぼっちで見学している知己を見ると胸がぐうっと苦しくなりました。運動会当日、ただ一つだけ許された親子競技に父と参加した知己のそれまで見たことのないようなうれしそうな顔は忘れられません。

　家族が心配していたとおり、運動会が終わってすぐ、知己は熱が40度から下がらなくなったのです。それでも、

　「学校へ行きたいよう。」

といってきかない知己。わたしは

　「すぐよくなるよ。がまんがまん。」

と言ってなだめるしかありませんでした。その日から、母は病院に泊まり込んでかん病を続けてきたのです。

　息をふき返したはずの知己の息づかいがだんだんとあさくなっていきます。

　「知己っ、知己っ、がんばれえっ。」

　みんな、なみだ声でさけびました。しかし、家族の必死の願いも、神様にはどうしても届きませんでした。11月17日、7才と2ヵ月の短い命でした。母は、知己をだき上げて、

　「よくがんばったね。お家へ帰ろう。」

と、何回も何回も知己の額にほおずりをしました。わたしは、もう針をさす所もないくらいに青くはれた手足をさすりながら、

　「もういたい思いはしなくていいよ。本当にがんばったね」

と心の中で話しかけました。父は、だまってなみだをこぼしていました。

　家に帰ると、母は知己に制服を着せました。

　「知己は、学校が大好きだったからね。」

　わたしは、そう言うとなみだがあとからあとから出てきて止まりませんでした。

　知己が亡くなって2ヵ月が過ぎ、家の中に閉じこもりっきりで外

に出ようとしなかった母も、やっと仕事に出られるようになりました。父は、わたしたちに悲しい態度を見せず明るくふるまっていますが、ねる前によく、知己の写真に話しかけています。

「知己は、自分の命をせいいっぱい生きようと努力していた。彩、知己の分まで強く生きていかないとな。」

と、父から言われたとき、わたしは知己から、一生けんめい生きることの大切さを教えてもらったような気がします。

　今、新しい机に向かう知己の姿はありません。「お姉ちゃん、教えて」と言って、わたしをよぶ声ももう聞こえません。でもどんなにつらいことにもたえてがんばった知己は、わたしの心の中でずっと生き続けています。わたしも、知己のように何事にも負けず、前向きに生きていきたいと思います。

知己さん

「死」を学べる子どもたち

　小さい頃、布団に吸い込まれて落ちていく夢をよくみました。得体の知れない恐怖に耐えきれなくて、起き上がって灯りをつけました。わたしは、「死」というものに対して小さい頃から怖れ、「死んだらどうなるの」とあれこれ思考を巡らす少年でした。第3章は、そういう原風景にも支えられて生まれた実践なのかも知れません。

　わたしは1988年から性教育実践をスタートさせました。その内容を鹿児島県内の教育専門誌などに寄稿したり、研究会で報告したりしたのですが、たまたまそれに触れられた種村エイ子さんが、がん患者という立場で授業に協力したいという手紙をくださったのです。

　こうして、おそらく鹿児島県では最初のがん患者による「いのち」の授業がスタートしました。わたしにとっては、怖れるだけの対象でしかなかった「死」を、授業テーマに据える新たな一歩でもありました。この時の子どもたちの学びの姿を通して、わたしはたとえ子どもであっても「死」について学ぶことは可能なのだという確信を得ることになったのです。

　実践に到る経過については、種村さんによる著書『死を学ぶ子どもたち』（教育史料出版会、1998）に詳しく書いてありますが、全体としては、第1次「からだと心」6時間（5月）、第2次「動物と人のたんじょう」10時間（9月）、第3次「人と動物のからだ」11時間（10月）、第4次「死について考える」3時間（2・3月）という経過を辿り、保健と理科、学級活動を中心とする年間を通した総合学習として展開したものでした。つまり、その後の実践でもそうなのですが、「死」を単独に取り出して学ぶことはせず、「いのち」を理解するためのテーマの1つとして全体の学習と関連付けながら展開していると理解して下さい。

　種村さんのがん体験記『知りたがり屋のがん患者』（農山漁村文化協会、1996）の出版時期とも重なり、この実践をきっかけにした種村さんの「いのち」

の授業は、マスコミにも大きく取り上げられ全国に拡がっていきました。わたし自身も、このとり組みについての報告の機会を数多く与えられましたが、そこで必ずと言ってよいほど出された質問が、「種村さんと出会わなければ、この授業はどう展開したのか？」というものでした。

　授業実践は生きものであり、「～でなければ」と問うことにわたしはそれほどの価値を感じてはいませんでしたが、その問いの帰結を、「ゲスト頼み」のイベント主義的授業としてはならないと考えました。そこでわたしは、この問いを自分自身に投げかけながら「死」をテーマにした授業づくり研究を続けていくことにしたのです。その中で、「ゲスト頼み」ではないゲストと協力しての授業も多くのがん患者さんやその家族と実施しました。

食べるか・食べないか＝殺すか・殺さないか

　２つめに採り上げたのは、にわとりのいのちを巡る半年間の記録です。この実践の源流には、1960年代の生活教育における鈴木孝雄実践（『学級文化活動と集団づくり－学級新聞"ブタとアヒル"の物語』明治図書、1967）、1980年代の鳥丸敏子実践（『いのちに触れる－生と性と死の授業－』太郎次郎社、1985）、1990年代の黒田恭史実践（『豚のPちゃんと32人の小学生』ミネルヴァ書房、2003）などがありますが、わたし自身はこうした実践に影響を受けながらも、なかなかとり組めずに過ごしていました。教師がいくらとり組みたいと考えているテーマでも、学校の置かれた環境的条件や教育課程を修正できる幅、子どもたちや保護者の実態などが、そのテーマとつながる必然性と可能性とを持たなければ、実践化は難しいからです。

　2005年のこの実践は、子どもたちの食文化・食習慣の現実と、恵まれた自然環境、その下での大変ユニークな「総合」の指導計画に支えられて成立しました。にわとりを食材として見つめ育てる飼育活動は、「いのち」の中に同時にある「生と死」に直接関わるリアルな体験学習となり、「食」を通して死を、「死」を通して生きるということを考えるための場と時間になったのです。それは、「食べるか・食べないか＝殺すか・殺さないか」を責任持って悩み抜

く学習過程でもありました。

わかったつもりにさせない学びとそれを支える知識の更新

　3つめは、わたしが教育実践において「悩み抜く過程」の意義を知ること
になった、1992年から94年にかけてのHIV・AIDSに関する複式学級での
実践記録です。本論でも述べたように、「エイズを知ればエイズにならない」
というコマーシャルに触発され「それだけでよいのか？」という疑問から出
発した実践は、感染予防と共生という2つの課題を学習内容で構成、展開し
ました。その後、わたしは薬害エイズの被害者であった吉松満秀さんと対面し、
その時の自身のからだの震えによって、その授業が「わかったつもり」を生
み出す危険を孕むものであったことに気づきます。そこに欠けていたものは、
人間的弱さの自覚という視点でした。そこで、次の実践は、共生に向けた学
びを"感染の事実を打ち明けるか否か"という「迷い」の擬似的体験学習と
して展開することにしたのです。さらに、それを複式学級という特性を活か
した6年生が作る5年生への授業につなぎました。これらは、いずれも「わかっ
たつもり」にさせないための、授業づくり研究の成果であったと言えるでしょ
う。
　さて、近年、HIV・AIDSに関する報道はめっきり少なくなっており、実践
自体の停滞も危惧されています。いかがでしょうか？　エイズ動向委員会の
2021年3月16日付の最新の委員長コメントは、「これまでと同様の傾向で
はあるが、今回の新規ＨＩＶ感染者は20〜40代、新規ＡＩＤＳ患者は30
〜50代の報告数が多い。また、10歳代から70歳代までの新規ＨＩＶ感染
が報告されており、幅広い年齢層の報告がある」と記され、2020年の第4四
半期においては、新たに192名の新規感染者と101名の新規患者が報告され
ています。数としては、まだまだ楽観視できないレベルにあることがわかり
ます。そして、それと同時に強調しておく必要があることは、HIV・AIDSに
関する研究と医療技術に関する知識・情報の更新の必要性についてです。
　あなたは、U＝U (Undetectable=Untransmittable) という言葉を聞いたこ

とがありますか？ これは、「効果的な HIV 療法を受けて、血液中の HIV の量が検出限界値未満 (Undetectable) のレベルに継続的に低く抑えられている HIV 陽性者からは、性行為によって他の人に HIV が感染することはもはやありません (Untransmittable)」(https://hiv-uujapan.org/) というメッセージです。報道の減少と実践の停滞の陰で、こうした積極的に伝えられるべきプラスの情報までもが埋もれてしまっている現実があるということなのです。教師自身の、知識の更新作業が求められています。

知己くんのいのちのバトン

4つめの報告は、小児がんで亡くなった西村知己くんのいのちのドラマです。お姉さんである彩さんが書いた作文を初めて読ませてもらったとき、涙が溢れて仕方がありませんでした。それほどに力のある作文であり、わたしはさっそくこの作文を教材化することにしたのです。

この作文と出合った頃は、父親である西村徹さんのゲスト授業をメインに、父親の立場からの「大切な人の死」という視点から考える授業として展開していました。転勤等により、ゲスト授業が叶わなくなってからは、この報告で展開したように作文を丁寧に読み合い、題名を考えることをメインに展開してきました。ぜひ、読者のみなさんにも、この作文を通して子ども達と知己くんの出会いの場を作っていただけたらと思います。

この授業は、大学教員となった今でも担当の授業や小・中学校での飛び込み授業において大切な教材として使わせてもらっています。読んでくれる子どもたちが、知己くんのいのちのバトンを受け取り、死を通して「いのち」を見つめる学びを続けてくれているのです。

尚、この授業については、種村エイ子監修『シリーズいのちの授業〈2〉いのちが終わるとき』（ポプラ社、2002）という素敵な絵本に収められています。

第4章

生きることは出あうこと
〜友に学ぶ、友と学ぶ〜

1 生きることは、出あうこと 〜つながる学び

友だちと「生きづらさ」を交流する時間

　ある日、担任している5年生の学級で男の子同士の殴り合いのけんかが起きました。幸いどちらにも怪我はなかったのですが、一方の子の眼鏡が壊れてしまうほどの激しいものでした。しばらく時間をおいて、興奮が収まった段階でわたしは2人に話を聞きました。けんかの原因は、よくあるようなたわいもないこと。ですから手を出した男の子に、

　「そんな理由で、どうしてこんなことになるの？」

と質問しました。するとその子は、しばらく沈黙した後にわたしをじっと見つめて、

　「ストレスです。」

とつぶやいたのです。それから、彼が抱えたストレスの中身をじっくりと聞いてあげました。

　「なるほど、子どもたちもストレスを抱えて生きているのか。そりゃあそうだよな。」…この「事件」をきっかけに、わたしは学級の全員に「ストレス」について書いてもらうことにしました。この時書かれた特徴的な3人のストレスについて紹介しましょう。

　　くらべないでほしい

　　　　　　　　　　　　　　　　　　　　　　　5年　ちえみ

　　わたしがいやなことは、お兄ちゃんが、けっこう頭が良くて、お母さんとお父さんが「なんでお兄ちゃんは頭がいいのに、あんたは…兄妹じゃないみたいね…」とか、わたしの前で、「へぇ、今度は学年トップね！」とか、何度もわたしを見ながら言うこと。

くやしかったこと

5年　たくみ

　ぼくが、毎日すぶりをしているのに、かんじんな試合で打てないから、お父さんに「お前、毎日すぶりしていないだろう。試合に出さないぞ。」と言われて、すごくむかついて、前の大会にヒットを打ったけど、「チャンスの時に打てよ」と言われたのが、すごくくやしかった。

最低

5年　まき

　わたしは、よくお母さんにうたがわれます。この前も、わたしは38度の熱があって、早退しました。そしたら、お母さんがむかえに来て、家に帰り着いたら、「どうせ仮病のくせに」とか、本当に熱があるのに「仮病、仮病」ってうるさかったです。

　だから、わたしは、お母さんのおかしぶくろを一人でぜんぶ食べました。お母さんが気づかなかったから、よかったです。人が苦しんでいる時に、仮病って言うのは、すごく最低だと思います。

　いかがですか？　それぞれについての説明は、必要ありませんね。今、多くの子どもたちが、勉強、テスト、友だち・家族関係、塾、スポーツ少年団といった彼らの生きる現実世界の中で、様々な「生きづらさ」を抱え込んで生きているのです。そのことを、わたしたちはもっと敏感に、共感的に受け止めなくてはいけません。

　その上で、わたしはそういう子どもたちが共に生きていくために、子どもたちどうしをしっかりとつなぐ必要があると考えています。自尊感情を太らせていくためにも、子ども時代のつながる体験とその心地よさを感情として味わうことが大切なのです。そのために、こうした子どもたちの「生きづらさ」をも含み込んだ様々な思いを仲間に向けて吐き出し、聞き合う時間を教室の中に作り出す必要があります。「そんなゆとりは、ありませんよ…」という声

がどこからか聞こえてきそうですね。確かに、その声も共感的に受け止めるべきでしょう。けれども、どこかにすきま時間は隠れているはずです。工夫は何とかできるはず! それに、学級の子どもたちがつながっていけば、まとまり落ち着いた学級になって、必然的にゆとりが生まれてくるのではないでしょうか。

さて、話を元に戻しましょう。子どもが語りみんなで聴き合うことにとり組んだとしても、最初から辛い思いや本音が語られるわけではありません。丁寧な関わりと見通しの中で、初めは、「うれしかったこと」や、「最近気になっていること」など、表現しやすいテーマからスタートしていきます。徐々に、聞き合える関係ができてくれば、「つらかったこと」「くやしかったこと」「わたしのストレス」といったテーマで書かせるようにしていくのです。

こうして書かれた作文を読み合うことを続けていくと、だんだん子どもたちは、「そんなことあるよね」という共感の笑い声をあげたり、「たしかにそうだよね」「それは苦しいね」とつぶやきやため息を返し、時には不合理さへの怒りを表明してくれるようになってきます。

もちろん、ただ吐き出すだけで「生きづらさ」や「怒り」の原因が取り除かれるわけではありませんが、そうした友だちの反応が、きっと「ああ、わたしだけではないんだ」という安心感につながるのでしょう。その後の彼らの表情は、少し穏やかなものに変わっていくのです。

友だちの優しさやがんばる姿に触れ、共感できたとき、つながりはより強くなる

このようなとり組みをベースにしながら、子どもたちは、日々友だちとの関わり合いの中で学び、育っていきます。けんかやいじめ、トラブルなど、いくつかの「事件」を繰り返し、乗り越えながら、少しずつつながりを深めていくのです。

4年生のすずかさんは、開校記念行事として毎年開かれる意見発表会に向けた作文のテーマに、弟の発達障がいを選びました。彼女は、弟と弟をとり

囲む家族の生活をしっかりと見つめ、姉としての受け止めと、これからの願いや決意を素直に綴りました。意見発表会当日、彼女は 4 年生代表の 1 人として、しーんと静まりかえった体育館で堂々と発表を行い、学級の仲間はみな真剣に耳を傾けました。

大人になって弟を助けたい

　みなさんは、発達しょうがいを持っている人に会ったことがありますか。発達しょうがいの人は、どういう人なのでしょうか。

　わたしたちは、3年生のとき、セルプ伊敷（※ 村末註：知的障がい者援護施設）の見学に行きましたが、そこで働いている人たちの多くは、発達しょうがいを持っています。わたしの5才の弟も、発達しょうがいを持っています。

　弟は、見た目はわたしたちと全く同じなので、まわりの人たちからなかなかりかいをしてもらえません。そのため、ちょっと人とちがうことをすると、「ぎょうぎがわるい」とか「親のしつけがわるい」としかられることが多いのです。けれども、ちがいます。原いんはわかりませんが、たまたま発達しょうがいを持って生まれてきただけなのです。

　人間は、わざと他の人をきずつけようとしたり、ごまかしたりしようとすることができますが、弟はほかの人をにくんだり、うらんだりできない、きれいな心の持ち主です。だから、けんかをすることができません。わたしは、これまで弟と一度もけんかをしたことがありません。

　また、自分の思い通りにならないことがあると、ゆかに頭をゴンゴンとうちつけて、パニックになることがあります。弟がないている時は、何をしてあげたらいいのかわからなくて、わたしたち家族はいつもこまってしまいます。こんな時は、たいてい母が泣きながら、弟をギュっとだきしめています。わたしは、頭をなでてあげたり、せなかをさすってあげたりします。30分ぐらい泣き続けることもありますが、こうしてあげると3分ぐらいで泣きやむこともあります。弟が泣きやむと、わたしも母もほっとします。

　発達しょうがいを持つ人は、できることとできないことのさがありすぎるので、生きていきにくいのだそうです。こういうことを、まわりの人たちがりかいしてあげないといけないと母から教えてもらいました。

　弟は、4才をすぎてやっと言葉が少ししゃべれるようになりました。

今では、おなかがすいたときに、「クリームパンください。」とか言えます。自分のほしい物を伝えられるようになって、弟は大分楽に生きていけるようになったと思います。

　弟の発達しょうがいの話は、この前おふろで、父がくわしく教えてくれました。わたしは、この話を聞いて「お父さんはすごいな。」と思いました。いつもはいそがしくて、なかなかゆっくりすごせないけど、家族のことを大切に思っていてくれるんだなとうれしくなりました。

　わたしが、これからやってみたいことがあります。それは、弟を助けてあげることです。弟の人生をいい人生にできるようにしてあげたいです。弟は、世界中で一番大切な家族だと思います。みなさんにも発達しょうがいとともに生きている人のことを知ってもらえたら、わたしはうれしいです。

　わたしは、子どもたちに、この作文への感想を求めました。すずかさんの経験していることを、子どもたち自身に意味づけさせなくては、ほんものの学びにはならないと考えたからです。子どもたちの学びは、そのままではどうしても「個人的世界」に留まってしまいます。綴り、読み合うことで、共感的な世界を意識的に作り出すことが必要です。

4年　なつき

　今日、すずかさんの作文をみんなに読みました。それは、すずかさんが大人になって発達しょうがいの弟を助けたい思いが、ぎっしりつまっていました。わたしのいとこも発達しょうがいをもっています。言葉はしゃべれますが、字や絵が思い通りにかけません。

　すずかさんの作文を聞いて、わたしも一人、このいとこをたすけたいと思いました。

　　　　　　　　　　　　　　　　　　４年　しんご

　ぼくは、すずかさんの作文を聞いた時、とてもびっくりしました。
なぜなら、すずかさんの弟が発達しょうがいということをしらなかっ
たからです。

　でも、すずかさんは、とってもえらいと思いました。弟が、発達しょ
うがいという現実にたち向かって、弟を助けたいと言っていたから
です。

　ぼくも、同じように助けられるような人間になりたいと思いました。

　　　　　　　　　　　　　　　　　　４年　ふゆみ

　すずかさんへ。すごいですね。わたしの兄も、のうせいまひで歩
けなくて、あんまり言葉が話せないしょうがい者です。

　わたしも、兄のお世話が大へんです。すずかさんと、わたし、す
こし同じでにているのかもしれません。おたがい、がんばりましょう。

　子どもたちは、しっかりと受け止め、投げ返してくれました。「かわいそう
だ」と綴った子どもたちもいましたが、それは決して上から目線の言葉では
なく、素直な子どもたちの素直な表現として理解すべきだと思います。彼らは、
「障がい」と共に生きる弟と寄り添いながら生きるクラスの仲間の存在とその
姿に、心揺さぶられたのです。たくましく前向きに生きているすずかさんと
その家族の姿に、自分と自分の家族を重ねて、元気をもらった子どもたちも
たくさんいました。

　友の中に自分を、自分の中に友を見出す学びは、人の本来のやさしさやた
くましさに気づかせてくれます。わたしは、こうした場を丁寧に紡ぎながら、
子どもたちのつながりを強いものにしていきたいと考えています。

　すずかさんの発信に対する、こうした子どもたちの返信は、もちろん彼女
自身にも元気を与えるものでした。

124

4年　すずか

　今日、弟のことをみんな日記に書いてきてくれました。わたしが、いんしょうにのこったことばは、「かわいそう」と「これからも助けてあげて下さい」の二つです。

　わたしも、もちろんかわいそうだと思います。でも、わたしの力でど力して助けてあげたいと思います。わたしだけではありません。家族の力です。わたしは、この家族全員で、たすけあいたいなあと思います。わたしの弟のことをわかってくれて、ありがとうございました。

友だちの奥行きにふれる学び

　かつて道徳の副読本（「みんなのどうとく」学習研究社6年）に、大江健三郎さんの「なぜ子どもは学校に行かなければならないのか」(『自分の木の下で』所収）というエッセイが掲載されていました。この中で大江さんは、息子の光さんが小学校に入学し、音楽の世界に誘われて友だちとつながるまでの過程での心の葛藤を描いています。そして、結論として、子どもが学校に行かなければならないのは「人とつながるための言葉を獲得するためだ」と説くのです。

　光さんが、学級の子どもたちの発する雑音に耳をふさぎうずくまるという場面で、大江さんは「こんなに嫌がっている光が、学校に通う意味があるのか」「野や山で、家族だけで静かに過ごした方がよいのではないか」と自問します。しかししばらく後、光さんにともに美しい音楽を愛する友だちができたことに気づき、その後話せなかった光さんが、言葉を発し友と会話していることを知るのです。

　この場面で、わたしは子どもたちに投げかけました。「大江さんのこの迷いに共感できる人は？」…全員が手を挙げました。続けて、「では、光さんは学校に行くべきかどうか？」今度は、4分の3が「行くべき」と答えました。

ところで、当時のわたしのクラスには、度々遅刻してみんなから「もっとしっかりしろよ」と言われ続けていた仁志さんがいました。そして彼には、家族と離れて生活し、療育を受けているりえさんという妹がいたのです。

　この時、わたしは仁志さんに、

「君は、どう思う？」

と尋ねました。すると彼は少し間をおいて、

「学校に行くべきだと思います。」

と答えました。

「なぜ？」

「…。」

「君には、みんなに話したいことがあるはずだけどな。」

「…。」

「妹のりえさんのこと。」

「…ああ。」

「話せたら前に来て話してくれる？」

　そう促すと、彼は、ゆっくりと前に出てきてくれました。

　わたしは、日頃の日記から仁志さんがしょうがいのある妹のことをいつも気にかけ、心配していることを知っていました。図書館では、ダウン症の主人公を描いた『わたしたちのトビアス』（偕成社）という絵本をじっと読んでいる様子を何度も見かけていたのです。

　ですから、可能ならばいつか学級の仲間にその気持ちを伝えて欲しいと考えていたのでした。彼の不安やさびしさは、仲間に語られ受け止められることで、少しは軽くなるのではないか。もちろん、彼の優しさに触れた子どもたちにも、大事な学びをもたらすだろう。そして、この時「タイミングは今だ」と判断したのでした。

　彼は、仲間の前で、初めて妹のしょうがいについて語り、今、家族と離れて施設で過ごしていることや家族みんながさびしがっていることを、涙を流しながら伝えてくれました。

「さびしいけれど、施設で学んでいろんなことができるようになってほしい

…」

という願いもあわせて。

　彼の話を聴く仲間たちは、そっと息を飲みこみ、真剣であたたかいまなざしを向けていました。そして、仁志さんは、授業後の感想をこう綴りました。

今日の感想

　　　　　　　　　　　　　　　　　　　　　　　　　　6年　仁志

　今日の道徳のとき、先生から当てられるなんて思っていませんでした。何であてられたのだろうと思いました。それは、りえのことについてでした。りえは、ふつうの人より早く生まれてきました。だから、生まれた時から障がいが残ったまま生まれてきました。今は、りえに言葉を教えたり、右手が使えないから右手をパーに開いたりしています。

　りえは、「香澄」(もう一人の妹の名)という言葉を覚えました。はっきりとは香澄とはいってないけれど、「香澄」って言ってるように聞こえます。りえも、来年からは一年生で、学校がすぐ近くにあって、そこの養護学校に行きます。ぼくは、学校に行っても友達ができたらいいなあと思いました。今は元気だけど、学校に行ってから、りえが元気をなくしたら、ぼくはりえが帰ってくる間だけでも、りえを元気づけたいです。

　一方、仁志さんから初めて妹の話を聞いた子どもたちは、こんな風に受け止めてくれました。

仁志くんへ

6年　みき

　　光くんの気持ちを一番わかるのは仁志くんかもね。だって、今入
院している妹がいるもんね。（仁志くんのことを）今までは、ちくく
するだけだと思っていたけど、すっごくイメージが変わりました。
それは、仁志くんは妹にやさしいんだなあと思いました。泣きなが
ら言うんだもん、そりゃあ当たり前か。
　　わたしは、仁志くんが妹のことを大好きだとは思ってなかったよ。
りえちゃんと会えなくて残念だね。わたしもお兄ちゃんと会えない
もん。その気持ち、ちょっとはわかる気がする。会えなくても、た
ぶん会いたいって気持ちは伝わるよ！

仁志へ

6年　しほこ

　　仁志はつらい思いをしているんだね。妹とたくさん遊んだりした
いと思うんだろうね。でも、今の仁志は強いよね。妹のためにがま
んして。
　　仁志がこんなにもがんばっているなんて全然知らなかったし、み
んなに勇気を出して語ってくれた仁志は、最高に強い男だよ。これ
からもがんばってね。応援するよ。

　　この日の感想を載せた学級通信を読んだみきの母親は、次のような感想文
を届けてくれました。

　　　おはようございます。元気いっぱいのみきがお世話になります。
　　少しばかり、わたしも仁志さんの話について感想を書きたいと思い
　　ます。
　　　我が家の元気娘以上に元気いっぱいの、仁志くんのりえちゃんに

対してのとても優しい気持ちと、自然と生まれてくる兄妹愛みたいなものを感じました。

　実は、その授業があったその日の夕方、わたしが仕事から帰ってくるなり、みきからその話を聞きました。その時の仁志くんの気持ちや状態が、また甦ってきたのでしょうか、涙をためながら一生懸命話してくれました。仁志くんの気持ちプラスみきの気持ちが伝わり、わたしもうるうるしてしまいました。実にいい話だなあ～と思いました。

　すると、今日、「天までとどけ」を読ませてもらい再び感動しました。みきの仁志くんに対する気持ちも素直に出てると思います（相変わらず文章力はアレッと思いましたが…今回は花マルということで）。

　わたしもりえちゃんに何度か会ったことがありますが、とくも可愛いらしい愛嬌のある子ですよ！　久しぶりに気持ちのよい素敵な感動をもらいました。ありがとうございました。

　大江さんの言う「人とつながるための言葉」。それは、隣にいる友だちの存在から直に学び合うことを通してこそ獲得されるのだとあらためて気づきました。

山ちゃんからの学び

　山ちゃんこと山田泉さんは、大分県の元中学校養護教諭。乳がんを患いながら、最期の時まで「いのち」のメッセージを発信し続けた素敵な人でした（詳細は、山田著『いのちの授業をもう一度』『いのちの恩返し』いずれも高文研を参照）。

　彼女は、2008年11月21日、49歳という若さで、わたしたちに別れを告げました。告別式の様子は、ＮＨＫの全国ニュースでも報道されるほどに、彼女の生き方は多くの人々に影響を与え、彼女の旅立ちは大きな悲しみをもたらしました。

その彼女が、2007年度、2回もわがクラスを訪れて「いのちの授業」を行ってくれたのです。第1回目は、鹿児島で開かれた養護教諭向けの講演会の折。知り合いだったわたしが、「教室に遊びに来ませんか」とメールで誘うと、「行くよ！」とうれしい返事。ここから、彼女と子どもたちとの運命的な出会いが始まりました。

　実は、その頃彼女は、がん再々発の告知を受け、かなり不安定な精神状態にありました。その頃もらったメールには、「死がこわい…」とも書かれていたのです。

　3月で正式に退職した3ヵ月後、わたしの教室にやってきた山ちゃんは、ショッキングピンクのあざやかなスーツに身を包み、そんな精神状態であることなど微塵も感じさせませんでした。体調のこともあり、「授業はできんで」と言われていたので、当日は、彼女が出演したＮＨＫ『にっぽんの現場』のビデオを事前に見て、子どもたちが出してくれた質問に、一つずつ答えてもらうという流れで進めたいと準備をしていました。しかし、「語りのプロ」である山ちゃんは、すぐに質問を引き取り流れを組み立てて、山田流「いのち」の授業を始めてくれたのでした。

　子どもたちの目線に立ち、常にその高さで子どもの心と存在を受け止めようとする山ちゃんの姿勢に、わたしたちは引き込まれ、心揺さぶられました。子どもたちを笑いの渦に引き込みながら、そのまま聞いたら涙なしには聞けない話を、サラリと語ってしまうのです。人が人として生きていく、その本来の姿を、子どもたちの前であざやかに、さわやかに描き出してもらったようでした。

　子どもたちの表情を見ながら、山ちゃんのメッセージがスーッと吸収されていくことが分かり、わたしは心が震えました。そして、子どもたちの感想文を読んで涙があふれ出したのは、初めての経験でした。

山ちゃんへ

6年　あゆ

　わたしは、山ちゃんの話を聞いて、山ちゃん、植田さん、そして病気で亡くなった人たちはすごいと思いました。自分も病気なのに、人の役に立ちたい、人の役に立てたら…と思い、それをするから…。わたしは、今健康です。元気です。だけど、人の役に立つということをあまりしていない気がします。これからは、そういうことをして人の役に立てるようにしたいです。

　山ちゃんの話は、とても心に届きました。命の大切さに改めて気付きました。これからは、この大切な命を大事にして生きたいです。「死」ってどういうことだろう？とわたしは時々思います。わたしが4年生くらいの時、ひいばあちゃんがなくなりました。確か、2月14日だったと思います。その時、わたしは「自分もいつかはこうなるんだろうな…。」と思いました。山ちゃんも、人は病気にならなくても死ぬと言いましたよね。わたしもそうだと思います。今日の話を聞いて、前見たビデオを思い出すと、山ちゃんが「死」を意識していることは分かります。でも、山ちゃん、がんばってね！　わたしは、ビデオを見た時に、死とこんなに前向きに付き合えてすごいと思いました。

　そして、今日も自分の時間をけずってまで話をしてくれた山ちゃんはとてもすごい…。「一日一生」山ちゃんの言ったこの言葉、忘れないで心に刻み、一日一日大切にして山ちゃんみたいに真っすぐきれいな人生を歩んでいたいです。そして、人の役に立てるようになりたいです。途中で諦めたくなっても、山ちゃんもがんばっているのだと思い、頑張りたいです。

　最後に、わたしにこんな偉そうなことは言えないけど、素直に正直に言わせて（書かせて）もらいます。

　泣きながら感想をいったわたしを抱きしめてくれた山ちゃんの手は、とても温かかったよ。そして、自分の悲しい体験を話したり、

自分の死を考えて語った山ちゃんは、とても強く見えたよ。そして、真っすぐきれいに一生けんめい生きている山ちゃんはとてもすごいよ。わたしにこんな生き方ができるかどうかはわからないけど、少しでも山ちゃんに近付ければいいな。山ちゃん、これからも病気と共に生きていくことになるけど、がんばってね。またいつでも上市来小6年教室に来て下さい。いつでも、大大大大大かんげいです。そして、今度はもっともっといろんな話をして下さい。待っています。

あなたが話してくれたこと

わたしは一生わすれない

あなたが話したすばらしい話

わたしは一生わすれない

命の大切さをわすれない

このことだけは絶対に

何があってもわすれない

命の大切さをわすれない

　何人もの子どもたちが、「自分が変わった」と書き、「これから山ちゃんを目標に生きたい」とつぶやきました。そして、この感想文を読んだ山ちゃん自身も「生きる勇気をもらった」と語り、その後の山ちゃんのいのちの授業につながったと、2回目の授業で伝えてくれました。

　山ちゃんの授業は、子どもたちの心の中にしっかりと「像」として刻み込まれたと思います。それは、彼らが生きていく中で、これからきっと必要となる「道標」として彼らの心の中に存在し続けるでしょう。

生きることは出あうこと

　「学び」とは、新しい世界、未知なる世界との出あいです。ここでは、その記録を3つの実践例から紹介させてもらいました。もちろん、そうした出あいは、いつも感動的なものばかりとは限りません。反面教師的な出あいもまた実際には多いし、ある意味必要でもあるでしょう。

　しかし、だからこそ、価値ある出あい、意味ある出あいのチャンスを意図的に準備しなければならないのではないでしょうか。そのために、教師自身の豊かな「出あい」が必要なのです。それは、教員研修や免許更新制度といった教育施策に縛られてしまう教師である以前に、「人間としていかに豊かに生きるか」を条件とするのだと思います。

　さて、山ちゃんを迎えた年の最後のいのちの授業では、谷川俊太郎さんの「生きる」という詩をもとに、1年間の学習をふり返りました。「生きることは、出あうこと」…わたしが、最後に伝えたかったメッセージでした。

　子どもたちは、こんなふうにそれを受け止めて卒業していきました。

6年　あゆ

　「生きる」の授業で学んだ事、それは、出会い。生きてく中でたくさんの人と出会い、学び、成長していく、ということを学びました。わたしの中でもっとも大きな出会いはやっぱり山ちゃんとの出会いです。でも、その前に村末先生と出会っていなかったら、山ちゃんとも出会えてなかったので、先生には感謝しています。

　命を授かり、この世に生きる。笑い、話し、泣き、よろこび、食べ、動き、そして出会う。そういった中で生きていくから、もっと出会いを大切にし、成長していきたいです。

　生きていくという事はだれかと手をつなぐこと、永六すけさんの詩のように、だれかと出会い、手をつないでいきたいです。別れの日がいつかは来るけど、その人との出会いもずっとずっと大切にしてきたいです。

---

2 親と子の関係・つながり・絆、そして「いのち」について考える

教師の生きがいの出発点としての教材づくり

　「教材とは、子どもたちに教科内容を習得させるため、いいかえれば、知識や技術を習得させ、同時に、知識や技術の習得過程と不可分に結びついた能力、知的探求能力を形成するために用意された典型的な具体的、特殊な事実、現象および、それらが文章で表現されたものである。」（吉本均編『教授学重要用語300の基礎知識』明治図書、1981、191頁）

　学生時代から活用してきたこのテキストには、「教材」についてこんなふうに、的確、簡潔にまとめてあります。わたしは、この視点を常に持ちながら、自分なりの「教材づくり」を行ってきました。

　教材づくりとは、目の前にいる子どもたちの生活現実の中、あるいはその傍らにある身近な素材を、教科内容や教育的価値を含む内容に主体的、創造的につないでいく作業です。そこから生み出される、子どもたちとの授業や教育活動、それによってもたらされる子どもたちの変容こそが、わたしたち教師の生きがいであり、真の喜びだろうと思います。

　さて、ここでは、わたしが小学校教員時代に、子どもたちの日記文を教材化して展開した実践を紹介し、改めて、教材づくりの楽しさ、奥深さ、教育実践にとっての価値…について述べてみたいと思います。

子どもの「生活（日記）」を教材化する

まず、6年生、けいこさんの日記文の紹介です。

言わないでほしかった…

6年　けいこ

　言わないでほしかった。その一言だけは。いやだった。聞きたくなかった。泣きたかった。

　ちょうどこの前、卵をあたためるためのホッカイロが切れていた。学校へ妹がホッカイロを持っていくと言い出した。

　わたしは、「ホッカイロはもうないよ。卵のために使ってなくなった。」と伝えた。すると母は、「全部使ったの？」とおこりはじめた。わたしは、「うん。」と返事をした。すると、母は、「卵のためだけに全部使ったの？」と言った。なので、わたしは、「うん。」と言った。すると母は、「もう、卵なんか割れば？」と言い始めた。なぜか、聞くと、「人間がいざ使うとなって、ホッカイロが全部、たった一つのくだらない卵のためだけになくなってるなんて。卵なんか割ればいいのに。あってもなくてもうまれるわけがないんだから。」と言った。わたしは涙をこらえることしかできなくて、反論できなかった。

　学校に歩いていくまでに、わたしは一人で考えた。なんでそんなこと言うのだろうと。わたしの意見はこうだ。「人間も卵も動物も、みんな同じいのちを持っている。人間の都合だけで、卵をわることなんてできないよ。そんなこと言って欲しくなかった。生まれてくるかわからないけど、信じているのに…。」

　わたしは一瞬で母親を嫌いになった。好きだけど嫌いになったんだ。

　わたしは動物が好きだ。いのちあるものみんな同じだ。卵だって同じだ。だから信じて頑張って育てようと思った。

　でも、またこのまま連れて帰ると、母とギクシャクした関係だと思うと嫌だと思った。そう思うと、卵をどうしようかと迷った。もうこのまま、また（学校の…筆者注）鶏小屋へ返してしまおうかな？と思ってきました。

でも、一度人間の手が加えられた卵は、母鳥は壊すと知っていたので、そんないのちをむだにすることはとてもできませんでした。

　　ずっと迷っていると、NHKがきた時、ひよこが生まれた思い出がよみがえってきました。あの時、ものすごくうれしかったので、またこの地球上に一つのいのちを誕生させたいという思いが、心の奥から出てきました。

　　けっきょく、そのまま家へ連れて帰ると、母がわたしの分と妹の分のホッカイロを買ってきてくれていたのです。

　　母はわたしに、「あああ、こんな卵のためにお金使うなんてもったいない。」と言ってきました。でも、わたしはとってもうれしかったです。やっぱりお母さん大好き、と思えました。

　　わたしは、これからあと何日間か大事に卵を温めよう！と思いました。今思えば、あの時のわたしの迷いは全然大したことじゃありませんでした。答えは簡単だったから。

　　卵くん、わたしは卵君のために全力をつくします。なので、わたしを安心させるため、早く無事に生まれてきて下さい。だれよりも生まれることを信じてますから…。

　「鶏の卵を温めてふ化させる」…これは、けいこさんがとり組んだ「総合」の個人研究テーマです。当然ながらわたしは、「そんなの無理。」と考える教師ではありません。

　「面白そう。頑張ってごらん！」
とエールを送り、彼女は張り切ってチャレンジを開始したのでした。

　　この日記は、その取り組みのドラマのワンシーン。卵を温めるために、家に買い置きしてあった「ホッカイロ」を、家族に黙ってすべて使い切ってしまったというわけです。

　　わたしは、この日記で展開された親子のやりとりと、それに揺さぶられながら卵のいのちを見つめるけいこさんの思考に、「いのち」に関する内容はもちろん、思春期真っ只中の親子関係やそのつながりの有り様について、みんなで学ぶに値する多くの価値が潜んでいると考えました。

さっそく、彼女に了解を得て、学級通信に掲載し、次の日の１時間目にみんなで読み合うことにしました。けいこさんの生活が綴られた日記文の教材化ということになります。

はじめの学び〜けいこさんへの共感と母への理解と

けいこさんの日記文を読んだ後、子どもたちに感想を出し合ってもらいました。「ひどい」…初めのけいこさんと同様に母親の言動を批判的に捉えるもの。「さすが」…ホッカイロを買ってきてくれた「親」としての行動を讃えるもの。一通り、感想交流による学び合いの時間を持ったところで、その日の日記代わりに、学びとりの中味を文章化してくるよう指示しました。

そして、次の日、集まった子どもたちの文を載せた学級通信を発行し、読み合わせの時間を持ちました。

けいこさんの日記を聞いて

6年　みき

わたしが、今日、けいこさんの日記を聞いて思ったことは、最初はやっぱり仲直りしないままなのかなと少し心配でした。それは、けいこさんのお母さんが卵を育てるのをすごく反対しているからです。わたしも母親に、われぱいいのにと言われるとけいこさんみたいに母親のことを嫌いになると思います。でも、最終的にはけいこさんのお母さんが、卵のためにホッカイロを買ってきてくれて、けいこさんもお母さんのことを大好きだと思えたからよかったです。

わたしは、けいこさんのお母さんは、けいこさんにきつく言うけれど、本当は大好きだと思います。わたしは、けいこさんのお母さんに、もう認めてるかもしれないけれど、卵を育てるのを認めてほしいなと思いました。もし卵からヒヨコが生まれないとしても、卵だって人間と同じ大切ないのちを持っているから、…わるのはもったいない。

感想

6年　たくま

　天までとどけにのっていた、けいこさんの日記、けいこさんの思っていることも、お母さんの思っていることもわかります。卵をどうしても生まれさせてやりたいし、卵だけにお金をなくすのは、ぼくでもちょっといやです。でも、お母さんは、カイロを買ってきてくれたのでよかったです。けいこさんも、カイロをむだづかいしないで、無事に生まれさせてほしいです。

　ぼくも、ねこのエサを買うとき、おばあちゃんが「もったいない」と言っているけど、結局は、買ってくれます。優しいです。

　けいこさんは、「お母さんへ」というタイトルで書いてきました。学級のみんなと日記文の読み合わせをする中で、母親の優しさを再確認することができたと同時に、自分自身のストレートな表現と行動とを母親に向けて素直に謝罪したのでした。

お母さんへ

6年　けいこ

　わたしはまずお母さんに言いたいことがあります。それは、「ごめんなさい」です。

　お母さんは怒るけど、本当はとってもやさしいんだということを本当はあの日記に書きたかったんだけど、お母さんからしたら、あの日記の書き方じゃ、お母さんを悪者扱いするような感じに書いてごめんなさい。

　（中略）あと、クラスのみんな、お母さんが悪い人だなんて思っていないですよ。お母さんは、優しいねって言ってくれたんだよ。だから、これからもしっかりしますので、よろしくお願いします。本当にごめんなさい。

筋書きにないドラマ〜親も学ぶ

　親にとって、思春期時代を迎えたわが子との関係は、一筋縄ではいかないものです。その反対に、子どもたちの方もまた、親との関係が難しいと感じているのも事実です。親子関係は、双方向関係。どちらの側も何とか上手く、仲良くやっていきたいとは思っている。思ってはいるけれども、ままならないまま我慢し合っていることが多いのです。

　クラスの子どもたちに、親子関係について尋ねてみると、「全く問題ない」と感じている子は、ごくわずかでした。

　したがって、けいこさんの日記は、けいこさん自身を含め、みんなで「親子のつながり」を考える大事な学習の材料になりました。それぞれの家庭でも、学級通信を読み合い、語り合いが広がっていったようです。

　「いい学びができたようだ」…子どもたちが伝えてくれる家庭での会話の内容を聞いていると、今度は、けいこさんの母親から長いながい「作文」が届いたのです。「学級通信で、是非紹介して下さい」というリクエストとともに。

　読んでいくと、けいこさんの日記で断片的に書かれていた部分の詳細、母親のけいこさんへの言葉かけの背景とその思いが、詳しく書かれていました。さっそく、その夜、わたしは、キーボードをたたいて学級通信を作り上げました。

言ってほしかった…言葉のキャッチボールがしたかった

けいこの母

　天までとどけ、毎回読んでいて、子ども達の様子、考え、よく分かり、日々の生活の中で、授業以外にも勉強している様子が分かります。

　第60号に、けいこの日記。その日の夕方読みました。朝から、ホッカイロでもめて、わたしが、「卵なんて割れば良いのに…」の言葉を出したこと。けいこは、「言わないでほしかった…」とタイトルにしていますが、わたしが今書いている文章にタイトルをつけるとしたら、「言ってほしかった…言葉のキャッチボールがしたかった」です。

　卵を一つの命と考えたら、わたしは本当に冷たい言葉を吐きました。6年生は、村末先生のもとたくさん命・絆・つながりについて学習しています。その子ども達からしたら、卵を割る言葉は、衝撃的だったでしょう…。けいこに言い過ぎた事、謝りますね。ごめんなさい。そして、6年生の子ども達はびっくりしたでしょう。

　しかし、この言葉にはわたしの中にも色々な事が含まれています。この、もめた事の流れについて、今までのいきさつもあった事を、少し知ってもらおうかな…と思います。

　卵を育てる事になったと、けいこから聞いていました。育てる事に反対もしなかったです。多くを話さないので、ホッカイロを使う事も知りませんでした。うまくいけば、20日頃に生まれるという事ぐらしか。入れ物に入れて、タオルで温めている様子は、見ていました。

　ある時から、けいこの部屋のゴミ箱に、使い終わったカイロがあるようになり、ストックの棚は、空っぽになっているのを知りました。けど、けいこが言ってくるだろうと思っていました。この時点で、ホッカイロを使う事、言ってほしかった…です。聞いていれば違ったのに。言葉のキャッチボールです。

　今までのいきさつの中で、けいこはカットバンも使うだけ使い、空箱を残したまま、いざ使う時に使えないじゃん…。湿布もそう。お父さんが腰を痛め、湿布を貼ろうとストックの棚を見ると、空の袋。兄妹と食べるおやつにしても、空の袋のまま。その度に、「無くなる前に言わないと、いざ必要な

時に困るんだよ…、使うなとは言わないから、言いなさい。」と言い続けて
来ていました。

　そして、あのホッカイロでもめた、霜の降りた朝。ホッカイロがない事に
ぐずる妹に、うんざりした顔のけいこ。じゃなくて…言ってほしかった…。使っ
た事を聞いても、ふくれた顔で、ただ首をたてにうなずいたけいこ。なぜ、
素直に言えないの？「ごめんね」でいいから、言ってほしかった…です。「わ
たしの事を怒らないで」とよく親への一言にあるけど、都合が悪くなると、
だんまり状態だから、言葉が返って来るように言葉を投げるのに、やっぱり、
逆ギレ状態で、だまったまま…。

　意見があるなら、思いを口に出すように言って来ているのに。親のわたし
は、問いかけるように話して聞くのに、反論どころか、全く話もしなくなり
ます。（　中略　）

　言葉のキャッチボールって、必要なんだよという事、分ってほしいです。
クラスの友達は、家族、周りの人と言葉のキャッチボールしていますか？
相手を知るために、相手に自分を分ってもらうために…。

　今回の卵の件、わたしとけいこは言葉のキャッチボールができてなかった
ので、「言ってほしかった…」と「言わないでほしかった…」というタイトル
になりました。天までとどけで思いを伝えるけいこでなく、言葉に出してく
れたら、言葉のキャッチボールが出来たのでしょうが…。

　わたしには、「ごめんなさい」との言葉も載っていました。わたしは、悪
者でも冷たい人でも良いけど、わたしの思いも知ってもらいたかったので、
今回長くなりましたが、思いを書かせてもらいました。（…後略）

　翌日、教室でけいこさんの母親の作文をみんなで読み合いました。参観日
の感想文など、子どもたちは、日常的に保護者の文章を読んでいましたが、
この作文には、量的にも内容的にも、圧倒されたようでした。

　そして、ホッカイロを巡るドラマが、こんなけいこさんの日常生活、親子
関係を背景とするものであったことを知り、子どもたちそれぞれが、ふたた
び自分自身の日常や親子関係のあり方を見つめ直すことになったのでした。

家庭と地域のつながりを育む学びへ

　学級通信に載せたけいこさんの母親の作文は、それぞれの家庭での、親子学習の「教材」として読まれました。そして、そこでの学びの内容は、次のような子どもたちのレポートとして再び教室で報告され、ホッカイロを巡っての学習は、一区切りを迎えることになります。

6年　みき

　わたしが思った事は、うちといっしょだなと思いました。そのわけは、わたしだってお菓子の空はほったらかしにしとくし、使ったものもかたづけません。だから、けいこさんの家といっしょです。なので、こんなににていることもあるんだなあと思いました。
（次は母の感想です）
　けいこちゃんの母の手紙を読んで、家といっしょだなと思いました。空箱だけを残すところ、普段は機関銃のようにおしゃべりをするのに、機嫌が悪くなるとだんまり状態になるところ…。文章で書くよりも、お互い子育て真っ最中ということで、けいこ家に生の声を届けさせてもらいました。

　みきさんのお母さんは、わざわざけいこさんの家に出向き、子育ての悩みを語り合ってくれたそうです。

6年　りゅうじ

　母の感想は、初めの日記でホッカイロがないことを、学校に行くときじゃなくて、前もってわかっていればけいこちゃんのお母さんもあんな言い方をしなかったと思うよ。よっぽど寒い朝で、妹の事も大切に思っているのよ。けいこちゃんの立場だったら、「割ればいいのに」は、ショックよね～。そのことについて自分の気持ちを素直に書けていて、いのちの大切さやお母さんの事が大好きだという事が良くわかったよ。

　母は、次の日の感想も全部読んでいました。とくにけいこちゃんのお母さんへの所は、ぼくたち兄弟にも読んでくれました。読んでいるときとても感動している様で、涙声でした。兄たちもそれぞれに思った事を言っていました。父も読んでいました。

　どんなえらい人が書いた本より感動を受けた、と母は言っていました。

　ぼくの家だったらどうだろうと考えてみました。いつも大事なことは、朝言わないでと母に言われています。もし、けいこちゃんみたいに朝言ったら、たぶんおこられるでしょう。命はとても大事だけど、生活のルールも守らないといけないと思います。（…後略）

　りゅうじさんの家では、「親子関係」について家族全員で語り合ってくれました。

　このようにして、けいこさんの生活日記は学級全体、そして、そこにつながる家族全体を巻きこんでの「学び」を作り出してくれました。

　わたしが所属している教職大学院の授業で、この実践を紹介したところ、現職院生の感想文に、「子どもたちの日常の中に、こんなに学びの材料があるということを気付かないまま日々を過ごしているのだと、自分を振り返り、もったいない思いです。」という一文がありました。

　教科学習においての教材づくりももちろん、大いに追究し、楽しみたいと思いますが、子どもたちの生活を丁寧に掘り起こし、彼らの表現をしっかり

と受け止めることが、まずもってとり組むべき「教材づくり」の作業ではないでしょうか。今、教師として生きるには、あまりにも多忙で、つらい教育現場だからこそ、子どもと創る教育実践を楽しめる、子どもの「生きる」現実に寄り添える立場に在ることを忘れてはならないと思います。

　最後に、けいこさんのレポートを紹介しておわりにします。当然のことながら、ここでのけいこさんの決意は、その後も度々揺らぎます。生きるということは、そういうこと。そういう未熟さを大事にできる教師でありたいですね。

　わたしの家で起こった卵事件で、わたしは自分自身の悪いところを改めて気付くことが出来た。わかっていた事なのに、直そうとしていなかったのが自分だった。

　普段は学校の事や、友だちとの事などしゃべりすぎるくらい話すのに、おこられたときのわたしは、母に思った事を口に出さないでいたので、これからわたしは母におこられたときでも、しっかりと自分自身の意見も言えるようにしようと思います。

　母の書いた手紙がのった天までとどけを読んで、母の意見についても納得しました。これからは、家族で言葉のキャッチボールをして、今まで以上に会話であふれる家族でいたいです。

---

3 未来を描き出すために、今を丁寧に見つめる
〜3・11後の「いのち」の学習

2011年3月11日

　その日、学力向上対策委員会のメンバーは、校長室に入ると、テレビ画面に釘付けになりました。

「かなり大きな地震があったらしい…。」

「えっ、どこで。」

「東北地方…。」

　会話の向こう側には、ヘリコプターのカメラが捉えた迫り来る津波の映像が。それは、まるでいつか見た映画のワンシーン。すぐに、原発のことが頭をよぎりました。しかし、「大丈夫なのだろうか」とつぶやきながらも、最悪の事態まで予想できる自分は、その時そこにはいませんでした。そして、テレビのスイッチは切られ、画面手前の空間では、予定通りに学力向上対策会議が始まったのです。

　時間は、誰にとっても同じように過ぎていきます。「今」という時は、「未来」という時に向けて流れていきます。しかし、この流れは、当たり前のことですが、みな一様な流れではありません。その多様さは、時に、個々にとってあまりにも違いすぎる現実となる場合もあり、まさしく今も、そういう「時間」と「時代」とを、わたしたちは生きているのです。

　「同時代を生きる」という時、それは大きな時間枠の中で共に生きるという意味でしょう。その共に生きるという生き方の質が、今、鋭く問われています。生きていくからには、スイッチ一つで切り替えられることももちろん必要な場合もあります。けれども、逆に、決して切り替えてしまってはならない生き方も必要なのではないでしょうか。

　各種メディア、そして、インターネットは、政府による情報操作の疑いも

含み込んで、直ちに日本がただ事ではない状況に置かれたことを伝えました。さらに、「原発は大丈夫か」という素人の懸念は、残念ながら最悪の事態に連なりました。

　「3・11」以後の現実に、わたしたちは、「未来」が、必ずしも約束されたものではないということを再認識させられたのです。だからこそ、わたしたちは、それぞれの立場で「今」をこそ問い、そこから「未来」を描き出さなければならないのだと思います。

　ここでは、小学校教師として生きてきたわたしの、震災後1年間のとりくみを報告することで、この課題に迫りたいと思います。

「現実」と実感的につながる

　わたしは、いくつかの全国組織の研究会に所属しており、被災地である東北地方にもたくさんの知り合いがいます。震災の翌日、「返信が来てくれ」という願いを込めて、数人の知り合いに安否確認のメールを送信しました。「大丈夫ですか？ 無事でしたら、とにかく返信を下さい。そして、して欲しいこと・わたしができることがあれば、何でも伝えて下さい」と。

　そして、それから2週間後、ようやく宮城県の中学校教師である制野俊弘さんから、返信メールは届いたのです。

　　メールやっと開けました。ご心配をおかけしました。制野は生きています。今は受験の手続きや避難所のお世話で毎日奮闘しています。学校は壊滅状態で再使用は無理ですが、間借りしながら4月21日の始業式を目標に頑張っています。わたしの20数年間の原稿や授業で使う資料のデータ、ファイルはすべて流されました。生徒は家を失い家族を失いました。街自体が完全になくなりました。すべて一から作り直しですが命永らえた分、故郷東松島・石巻の復活に心血を注ぎたいと思っています。復興には相当時間がかかると思いますが御支援よろしくお願いします。

　　　　　　　　　　　　　　　　　　　　　　　　　　　　　　制野

　映像として切り取られた被災地のリアルな惨状は、そのあまりのリアルさ故に非現実の感覚さえ作り出すものでしたが、わたしは、この制野さんのメールによって、それをより実感的な現実としてわが身に引き寄せることができました。

　とにかく、この鹿児島の地で動かねばならない。まずは、情報を集め、可能な被災者支援をしなければ。そして、それと同時に、教育実践においても、この時代を共有して生きるという視点を欠くことはできないと自覚したのです。とりわけ、長年「いのち」を教育の中心テーマとしてきたわたしが、それを不問にして、先に進むことはできない…と。

子どもたちは、東日本大震災をどう受け止めていたか

　では、どこから始めたらよいのか。実は、それがとてつもなく大きな課題であることも、また現実なのでした。

　しばらく考えた末、わたしは、やはり今こそあらためて、子どもたちとともに日々生きていることの意味を問い、考え合う場が必要だと考えました。ここから始めよう。

　担任する子どもたちは、6年生35名。まず、3月11日地震発生の日から、今日（4月8日）までをふり返って、作文を書いてもらいました。

東日本大震災

6年　てつろう

　福島第一原発事故、M 9.0 の大地震、何もかもをうばった大津波、断水、停電、などのいろいろなひ害をおよぼした日本観測史上最大のM 9.0 の地震。西日本では、ふつうに学校にいったりして、直接のひ害は少なかったもののテレビを見るだけで、心がいたむようなかんじがします。東京と千葉に親せきがいるのですが、東京の親せきは、春休みの間鹿児島にひなんしてきていました。千葉の親せきは、市原市に住んでいてコンビナートがもえていたけむりが見えていたそうです。今自分が考えていることがあります。それは、少しでも多くぼ金しようと思うことです。ぼ金箱がおいてあれば一円でも多くぼ金したいです。日本が大変なひ害をうけているのでいろいろとできることがあれば一生けん命がんばりたいです。

東日本大震災

6年　のぞみ

　3月11日、ちょうどわたしが授業をうけている時、東日本ではM 9 の大地震がおき、とても大きな津波が町をおそっていました。学校から帰って来て、お母さんとテレビを見ていると、宮ぎのあたりの平野が、車や木、ソファーなどのがれきごと、集落をのみこんでいました。「あ、まだ車がはしってる！！のみこまれる！！」「早くにげて」わたしたちはテレビを見てびっくりして、ものすごく、こうふんしました。その後のテレビでは、ひさい地のことが多くつたえられていました。つなみにのみこまれた人の中には、足の不自由な人を助けた時に、みんなにきけんを伝えるために、ずっとずっと放送をつづけていた時に、など、いいことをしていたのに、しているのに、つなみにのみこまれてしまった人がたくさんいました。わたしは、このことを知って胸が痛くなりました。今、わたしにでき

ることは、何かなと思っていると、電気をつかいすぎないこと、が、出てきました。だからお家では、テレビはあまり見ないようにしたり、ごはんの時はソファーの方の電気は消したり、いろいろやっています。いつも、ひさいしている人のことを考えて、ぜいたくはしないようにしたいです。

一人ひとりの「思い」を語り合う授業

　震災や原発事故については、残念ながら教室の中でじっくりと語り合えていない現実があった様に思います。こんなに大きな関心事であるにもかかわらず、です。作文に込められたような子ども一人ひとりの「思い」は、そのままでは個人的な世界に埋没してしまいます。こうした一人ひとりの「思い」を、まずは交流し合い、語り合う土壌を教室空間の中に作り出すことこそが大切ではないか。わたしはそう考えて、次のような流れで「震災から学ぶ授業Ⅰ」を実施しました。

〈授業の流れ〉
　1. 東日本大震災の概要を確認する
　2. みんなは、どう受け止めたのか？〜作文を読み合う〜「動き出す心」を共有する
　3. 今、わたしたちができること・これからわたしたちがしなければならないことを話し合う

　それぞれの子どもたちが、それぞれの作文をもとに、震災の受け止めを語り、みんなで聞き合いました。学級の友だちの中にも、親戚や知人が被災している人がいるという事実を知り、彼らは、固有名詞の関係性において震災をより自分に引き寄せました。また、きよひこさんは、警察官である父親が、震災直後、実際に被災地支援に派遣されたという話を初めてしてくれ、このこ

とが次の時間のゲスト授業へとつながりました。

「わたしたちができること・しなければならないこと」のところでは、簡単に答えに辿り着くようなまとめはせず、「今後、震災・原発事故について、自分たちの『いのち』とつないで見つめていくこと」という課題として設定し、小学校生活最後の１年間の学習の中心テーマとすることを確認して終わりました。

東日本大震災の授業で考えたこと

６年　のぞみ

　11 日に起きた大震災から、１ヵ月あまりもたっているのに、まだ余震が続いています。大震災が起きて、しばらくは、余震の情報がテレビで流れるたびに、家族でひさい地のことを考えていましたが、今では「あっ、また余震！こわいね」と一言ですませてしまっていました。

　でも、ニュースで余震が起きると、お母さんに飛びついて泣く小さな子どもたちを見たとき、被害を受けていない県の人たちは、毎日起きているから、そんなに気にとめていない人もいるかもしれないけれど、被災地ではこわい思いをし続けているんだ。これではいけないと強く思いました。

　また、今日の授業では、みんなで被災した人々のためにもがんばって生きなければという考えを出しました。わたしも、この大震災を東北の人々だけが背負うのではなく、日本人のみんながむきあっていかなければならないと思います。

　最後に、村末先生が問いかけた、「被災した人々の分もがんばって生きるということは、どういう生き方なのか」というむずかしい質問には、答えることはできませんでした。わたしは、ゆっくり答えを出していきたいです。

被災地に派遣されたお父さんの話を聞く

　震災から学ぶ授業、第2回目は、震災直後に「遺族対策」として被災地に派遣された、警察官の保護者から、学年全体で話を伺うことにしました。被災地を知る身近な人の話は、間接的ではあっても、現地をぐっと近づけてくれるものです。わたしの突然の依頼にもかかわらず、Ｉさんは、ゲスト授業を快諾し、事前にたくさんのスライドを作って学校に来て下さいました。

　鹿児島から被災地までの行程、被災地の状況、遺体安置所での確認作業とそのサポートの様子などを中心に、約1時間の話。映像で伝えられていないものに被災地の「におい」があるとＩさん。最後に、「募金ももちろん大切けれど、たくさんの亡くなられた『いのち』に思いを寄せて、しっかりと生きていくことが、わたしたちのするべきことだ」と締めくくられました。

　子どもたちは、遠くで起こった震災を、より身近なものとして引き寄せ捉えてくれたと思います。

　　　　　　　　　　　　　　　　　　　　　6年　ちぐさ

　わたしは、今日の東日本震災のお話を聞いて思ったことは、やっぱりテレビや新聞から読み取れる被災地の映像だけでは、まだわからずに、そのままになっている情報が、まだたくさんあるということです。

　わたしが一番しょうげきをうけ、びっくりしたことは、あの写真にあったかんおけの数です。

　日本では、地震は、いつおきてもおかしくないほど、しょっちゅうあるけれど、あんなに被害が大きくはげしい地震はもう起きてほしくないです。

　東日本大震災についての話を、Iさんにしてもらいました。その
中で、被害を受けたところの写真を見たときに、「あれは何だったん
だろう」と思い、おどろいていました。そして、亡くなった人が入っ
ているたくさんのかんおけの中には、少し小さめの子どもが入って
いるのがあり、その子の説明をしてくれて、わたし達よりも小さい
2〜3年生の女の子ということを聞いて、「自分より小さいのに」と
思いました。

　最後に、Iさんが言った「亡くなった子どもたちの分まで、夢を
かなえて下さい」という言葉がひびきました。

震災・原発事故を見据えた総合的な「いのち」の学習の展開

　こうしてスタートした2011年度実践は、震災と原発事故のその後の推移
を見つめながら、「からだ・自然・性・死・文化・食」といった6つのテーマ
からの総合的な「いのち」の学習として展開していきました。

　特に、「がんサポートかごしま」のがん患者さんによる授業や「死の疑似体
験」授業など、具体的に「生と死」を見つめ考える授業は、子どもたちの心
に強く響いたようでした。また、自分たちの成長に伴う他者への関心と行動
の変化を科学的に捉える授業など、これらはそれぞれに別々のテーマではあ
りますが、できるかぎり震災と原発事故に関連づけて展開するように心がけ
ました。たとえば、原発事故による放射線被害と「がん」発生の関係や「思
春期」という成長過程を遮断されてしまった「死」の存在など、常に子ども
たちに投げ返し、学びと現実とをつないで考える場を設けました。

　また、子どもたちが早々にとり組みたいと考えていた被災地への支援につ
いては、制野さんからの要請に直接応える形で、夏物・冬物衣料等の物資集
めに、ほとんどの子どもたちが家族の協力を得てとり組んでいきました。

　さらに、震災から半年、1年といった節目節目での思いも、学級通信紙上

で丁寧に取り上げ、交流の場を継続的に持ちました。

あの日から…

6年　りんたろう

　今、最も注目すべきはずの復興が、一年経っても変わることはありませんでした。ぼくは、復興のために何もすることのできない自分が無力で、自分自身に悔しいです。今からでも、何かできることは、どんなことでもしていきたいと思います。

震災から一年

6年　みさと

　テレビで、被災地の受験生の様子が流れていました。仮設住宅では、勉強ができない環境になっていたため、被災地では無料塾を開いて勉強する場所ができるようになっていました。受験生の頑張っている姿を見て、凄いなと思いました。受験生を応援するために、1個150円の弁当を売っている人もいました。わたしは、自分のことで精一杯なのかなと思っていたけれど、被災した方々は頑張っている人を勇気づけていたので、とても感動しました。

学習発表会「未来へ」へのとりくみ

　2月に学習発表会が開催されました。例年、わたしが担任をする学級では、「いのち」をテーマにとり組んでいますが、この年は、震災・原発事故をテーマにした朗読劇と「ソーラン節」の踊りを組み合わせ、「未来へ」という作品に仕上げていきました。

　まずは、子どもたちの思いを言語化させ、それらを紡いで、台本（157頁資料参照）を作りました。被災地の人々には、「生ぬるい」と批判されるかも

しれませんが、この時点での子どもたちの「学び」の到達点として「未完」
の作品としました。

　衣装となる長半天は、家庭科でのミシン学習として、ボランティアのお母
さん方の協力を得て作製。未来につながるエネルギー、希望、勇気を、軽快
な踊り「ソーラン節」をしっかりとからだに刷り込んで表現することにしま
した。

　練習を何度も繰り返し、本番に望んだ子どもたちの発表は、きっと心に届
いたのでしょう。たくさんの方々が、目を潤ませていました。もちろん、子
どもたちも、大きな達成感を味わいました。

　そして、保護者からも発表全体に関する感動の感想文と合わせて、次のよ
うな大切なメッセージも届けられました。それらを一つずつ丁寧に読み合わ
せながら、子どもたちは、「学び続けること」を改めて自分たちの課題として
掴んだのでした。

　　（前略）まもなく未曾有の震災から一年が経とうとしています。今
　なお、不自由な生活を余儀なくされている方や、家族や大切な人・
　物をなくして心に深い傷を負っていらっしゃる方はたくさんいらっ
　しゃいます。
　　きっとわたしたちが想像を絶する苦しみを抱えていらっしゃるこ
　とでしょう。わたしたちが、与えられた「いのち」を大切にして「ま
　だ生きたかったけれど生きられなかった」人の分まで精一杯大切に
　生き抜くことは無論大切なことですが、震災の恐ろしさ・苦しみ・
　悲しみを共有し、次の時代まで真実を語り継ぐことも、「いのち」を
　大切にすることと同じくらい大切なことかもしれないなあと漠然と
　感じました。
　　６の１の子ども達が「学習発表会で発表して終わり。踊って終わ
　り。」ではなく、これからもずっと自分たちにできる事は何かを考え
　続けていける人間に成長して欲しいです。

未来へつなぐ批判的思考

　学習発表会が終わり、子どもたちはすぐに卒業式の練習に取りかかりました。学級では、各教科のまとめと合わせて、「いのち」の学習のクライマックスを迎えます。そして、わたしは、最後の学習テーマを、「批判的思考」としました。

　原発の存廃を巡る論議が、国民の最大の関心事となる中、原発事故発生当時の政府、電力会社、学者、マスコミによる情報操作の事実は白日のものとなり、「安全神話」は、完全に崩壊しました。わたしたちは、自分の「いのち」を守るためには、手に入れた情報を、批判的・主体的にみることのできる力とセンスとを獲得しなければなりません。

　それは、谷川俊太郎さんの「生きる」という詩の一節「隠された悪を注意深く拒むこと」であり、他を一切受け付けず、シャットアウトしてしまうような「否定的思考」とは違います。

　情報を一端受け入れ、それが正しいか否かをしっかりと判断し、取捨選択する力を、これまでとこれからの「学び」によって獲得し、磨いていって欲しい。それによって、「未来」をも自分自身の力で描き出して欲しいと。これが、卒業生へのラストメッセージであり、わたし自身が設定した課題に対するわたし自身の答えでもありました。

　最後に、一年間のいのちの学習の感想文を紹介してこの節を閉じたいと思います。子どもたちは、晴れやかな顔で、中学校という「未来」に向けて羽ばたいていきました。

　この1年間でいのちの学習をたくさんした。それまではいのちの大切さを考えることはなかったけれど、改めていのちの大切さを考えることができた。その1年を振り返ってわかったことがあった。それは人と出会い、物事と出合い、学習するということ。それが否定的ではなく、批判的な思考を生み出すと分かった。

　卒業式のお別れの言葉でも使われている「生きているということはだれかに借りを作ること」と始まる詩のように、人が生きるということは、人の字のように支え合って生きるということ、人とともに生きるということ。つまり、人は決して一人では生きていけないということがわかった。

　僕は、いのちの授業をしたおかげで、大きく変われると思います。いのちの授業は、いのちの大切さ、いのちをこれからどう使うか、を考えさせてくれました。ゲストも、上水流さん、Iさん、諸井先生など、いのちにかかわった人達などが僕たちに一生けんめい教えてくれました。

　いのちは一つしかない。その一つが終わると、先がもう真っ暗だということがよく分かりました。東日本大震災で、多くの人々が亡くなったことについても授業でして、一人のいのちがこんなに重いんだなと感じました。

　また、最後のいのちの授業のDVDで見た山田泉さんの話は、人との出会いが大切だということを知りました。後、自分が死ぬまでに悔いの残らない、この人生をよかったと思えるようにしたいという気持ちを、いのちの授業で知れました。

　なので、これからの人生を大切にして生きていきたいです。本当に、いのちの授業で、ぼくの心の中で、いのちを思う気持ちが変わりました。

学習発表会「未来」台本

1	涙はきっと明日の力になる
2	笑顔はきっと自分を、みんなを明るくする
3	決して1人じゃない
4	わたしたちには
5	仲間や家族がいる
6	わたしたちは
7	たくさんの人から　支えられながら
8	そしてたくさんの　人を支えながら　生きている
9	2011年3月11日14時46分18秒
10	宮城県牡鹿半島の　東南東沖の130kmの海底を震源として
11	東北地方太平洋沖地震、発生
12	マグニチュード9.0
13	日本における観測史上最大の規模
14	そしてこの地震は
15	恐るべき大津波を引き起こした
16	最大遡上高40.5m
17	東北地方と関東地方の太平洋沿岸部には
18	壊滅的な被害
19	そして
20	液状化現象
21	地盤沈下
22	ダムの決壊
23	道路、鉄道、電気、ガス、水道など各種ライフラインは寸断された
24	震災による死者・行方不明者は約2万人
25	建築物の全壊・半壊は合わせて35万戸以上
26	ピーク時の避難者は万人以上
27	停電世帯は800万戸以上
28	断水世帯は180万戸以上
29	政府は震災による被害額を16兆から25兆円と試算している

30	宮城県の中学校に勤める制野俊弘さんは
31	卒業式の祝う会の最中に震災に見舞われた
32	「突然経験したことのない長く激しい揺れの後、わたしたちは一階から四階へと駆け上がった。すぐに支配人がmの津波警報をキャッチ、水没の可能性があるためさらに屋上へ。約200人の客は極寒と猛吹雪の中を着のみ着のままで耐えていた。 間もなく子どもの一人が叫んだ。 「津波がきた！」 海側の松原の間から濁流がなだれ込んだかと思うと、一気に松林をなぎ倒しさらに大きな波が襲ってきた。駐車場の車はおもちゃのように流され、家々を飲み込んでいった。自宅の見える保護者は呆然としていた。階下の出来事は現実なのか。 やがて雪もやみ、真っ赤な夕焼け空と共に月明かりの綺麗な夜がやってきた。わずかに照らし出される破壊された町。いつしか小さな火の手があがったが、それを消す者は誰もいない。」 （引用：制野俊弘『月刊クレスコ』124号（2011年7月号）大月書店より）
33	さらに　福島ではかつて人類が経験したことのない大惨事が起こる
34	東京電力福島第一原子力発電所事故
35	全ての電源を失って原子炉を冷やせなくなり
36	起きてはならない　メルトダウン
37	大量の放射性物質を、海水と土壌、大気中に放出させてしまった
38	福島第一原発から半径20km圏内は
39	現在も一般市民の立入りは原則禁止のままである
40	あの日、すべてが変わった
41	大切な人は　一瞬で手の届かないところに行ってしまった
42	大切な町が、目の前から完全に消えていった
43	津波はすべてを流した
44	人の生活も思い出も
45	だが、しかし
46	津波が押し流せないものが一つあった

47	それは、人々の心
48	震災から一週間後の3月18日
49	宮城県のとある小学校体育館にある避難所で
50	「ファイト新聞」は生まれた
51	カラフルな手書きの新聞
52	小中学生4人の手によって
53	「避難所を明るくしたいから、毎日、楽しかったことだけを選んで書いています」と
54	物資として送られてきたコピー用紙やサインペンを使いながら
55	「みんなが喜んでくれるから」
56	ファイト新聞は
57	人々の心から生まれ　人々の心に元気の火を灯した
58	わたしたちは1人ではない　支えてくれる人がいる
59	ゆっくり歩いていこう　ゴールに向かって
60	信じる心を持って1歩進もう
61	1人じゃない　誰かと一緒に
62	心一つにして
63	明けない夜はないと信じて
64	みんなのためそして自分のために
65	できることをやり尽くす
66	今日がダメなら明日
67	僕たちに今できることは
68	亡くなった人たちの分まで
69	いのちを大切に生きていくことだ
70	手をつないで行こうよ
71	最後まであきらめない
72	前に進めばきっと希望の空が見えるから
73	光を探して
74	未来を信じて
75	かまえ（ソーラン節のかけ声）

4 からだの学習として 「障がい」を学ぶ
～「車いす」から見えてくる世界

　これまで述べてきたように、わたしは「いのち」の豊かな学びを子どもと共に創り出すことを目指してとり組んできました。こうした実践は、それまでのすぐれた先行実践に学び再創造したものがほとんどなのですが、ふとしたことをきっかけにした「気づき」から生まれたものも少なくはありません。手前味噌ですが、これがまた味があり面白いのです。

　さて、「総合的な学習の時間」において、「福祉」や「バリアフリー」は、言ってみれば定番のテーマです。そこでは、点字や手話に関する調べ学習、アイマスク体験や車いす体験、盲導犬とのふれあいやパラスポーツ体験など、様々な学習活動が展開されてきました。

　わたし自身も、こうした学習活動は一通り仕組んでみましたが、そうした中でもっと深く切り込めるような学習活動は準備できないだろうかとぼんやり考えていました。車いす体験やアイマスク体験にしても、わずか何分間か経験するだけで、障がいや障がいと共に生きる人、生きることを理解したことにしてしまって良いものかと思い続けていたのです。

　ある時、わたしの義理の父が亡くなり、生前使っていた車いすを処分することになりました。その車いすを眺めながら、義父の生前の生活シーンや旅行に出かけたこと等をいろいろふり返っていたのですが、その時「この車いすがあったからこそ、いろんな所へ一緒に行くことができたのだなあ」と思ったのです。

　そして、「そうか、車いすは車いすユーザーのためにだけあるのではないのだ」と気づきました。これはあたりまえのことなのですが、それまでこうした視点では学びを作っていなかったことに気がつきはっとしたのです。

　こうした経験をきっかけに作っていったのが、これから述べる「車いす一日体験」を中心にした「障がいとバリアフリー」に関する6年生の総合学習実践です。

「車いす」のイメージを綴る

　第1時。まず、子どもたちと車いすはどんな時に使うのか、どんな人が使うのかを確認し合った後、これまで車いすを使っている人に接して、考えたり感じたりしたことを綴ってもらいました。

6年　なな

　わたしは、車いすに乗っている人を見て、かわいそうだなあと思った。自分達は、走ったり、歩いたり、とんだりとできるけど、できないと思うとすごくかわいそうになった。一日中、ずーっと車いすに乗って生活するのは、すごくきついと思う。階段を上るときなどはどうするのかなど、そういうのを体験して、同じきつさを味わってみたいです。

6年　やすひろ

　ぼくは、車いすに乗っている人を見ていて、かわいそうに思っていました。それはなぜかというと、ぼくたちみたいに走り回ったり、スポーツを自分の足であるいは、体全体で動き回れないからかわいそうだと思いました。それに、小学校に通っていて、体育とかするときは、見学だからかわいそうです。
　ぼくは、車いすに乗ったことがないのであんまりわからないけど、こう思いました。

　予想通り、子どもたちからは「かわいそう」という考えがたくさん出てきました。この実践のねらいは、ここを出発点に、「障がい」あるいは「障がい者」に対する自分自身の意識を問い直し、「バリアフリー」のための課題を自分事として探ることにあります。
　作文の読み合わせをした後、実際に車いすの自力での運転と、段差・階段の

上り下りの介助方法を実技を通して学びました。用いたのは、私の義父の車い
すです。子どもたちは、かねてよりずっと真剣な表情でとり組んでいました。

車いす一日体験レポート

　この実践では、わずか数分間の車いす体験でお茶を濁すのではなく、学校
生活の丸一日を車いすで過ごす学習として展開しました。生活の流れの中で
車いすを理解し、考えて欲しいと思ったからです。もちろん、疑似体験でし
かありませんから限界は自覚しつつ。

　学級の児童数は12名です。疲れず飽きず、ちょうどよいスパンでとり組め
ると考えました。

　翌日から子どもたちは「車いす一日体験学習」をスタートさせました。登
校後、すぐに靴箱の横に置いてある車いすに乗り、下校の時まで一日を過ご
すのです。トイレの時など、特別な場合を除いては、授業中も休み時間も掃
除時間もそのままということです。

　自分たちの教室が2階にある彼らは、朝、車いすに座るや、さっそく難関
に突き当たります。1人では階段は上れません。3人の友だちがそろうと、よ
うやく介助が始まります。

　授業で練習したように、二人が両サイド、一人がハンドルを持って「せーの」。
ところが、なかなかうまく持ち上げられません。重たい物を持つ経験に乏し
い子どもたちの腰ではうまく力を発揮できないのです。

　けれども、持ち上げようとしているのはそこに乗せた友だちの「いのち」
です。決して手を離すまいと介助の子らの手は小刻みにふるえていました。

　「もっと車いすに近づいて！」

　「一歩ずつ！」

　「ゆっくりと！」

　アドバイスをかけ合い、ようやく階段を上り切りました。

　子どもたちは、車いす体験を通して学校の生活空間、そして学校の外にも
様々な「バリア」が存在するということに気づきました。また、見た目では

分からない障がい者の「苦労」に思いを巡らせ、自分がどう障がい者へ関わっていったらよいのかを考え始めました。

6年　なな

　わたしは、この車いす一日体験をして、色々なことを学べました。わたしたちがいつもふつうにしていることを、車いすに乗っている人はできないこと、階段を一人では上ったり、下りたりできないこと、足で走れば速いのに、車いすでやると遅いし、手もつかれること、こういうことを色々学べました。

　あと、わたしは体験しなかったけど、車いすの人はみんなと一しょに運動したり、遊んだりできなかったということがあったと思います。階段を上るときも、人に持ってもらってやると、落ちそうですごくこわかったです。こういうことをずっとやっていくのは、すごくつらいなあと思いました。

　わたしは、今まで車いすに乗っている人を見ると、どこかで、多分差別をしていたと思います。だけど、今度は困っているときは助けてあげたり、差別をしないようにしていきたいです。

6年　やすひろ

　ぼくは、車いす一日体験をして、とても大変でした。持ってもらうときもすごくびびっていました。こいでいたら手が痛くなってしまいました。おされたらかんたんでした。回り方とかもむずかしくてできませんでした。障がい者の人はすごくきつそうだなと思いました。その場合、健康な人が手伝ってくれないと、そういう階段や段差とかはぜんぜんできないと思います。

　持ってもらったとき、すごくうれしくなりました。ぼくも、手伝ってみようと思います。車いす一日体験を生かして、やっていきたいと思います。

『プレゼント』を読む

　12日間の車いす一日体験学習を終えての課題は、子どもたちが「障がい者はかわいそう」という認識を、まだ乗り越えてはいないということでした。障がい者の人たちは、本当に「かわいそう」な存在なのか？　その認識に留まっていてよいのか？　そこからの学びが必要だと思いました。

　彼らは、決して単純に哀れんでいるわけではありません。たとえ一日の車いす体験であっても、その生活が「大変である」ということを実感できたからこその言葉と捉えるべきです。しかしながら、そのことによって、一人間である「障がい者」のすべてを「かわいそう」な存在として捉えてしまっては、学習の目的は達成できていません。このことをぜひみんなと一緒に考えなければならないと思いました。そのために選んだテキストが当時出版されたばかりのおとたけひろただ著『プレゼント』（中央法規出版、2000）でした。

　車いす体験レポートの発表会の後、学習の成果を整理し束ねた上で、次のとりくみとして読書会を開くことにしました。『プレゼント』、そしてそこからの一人ひとりの「学び」の交流は、彼らにまた別の世界を教えてくれました。

6年　なな

　わたしは、今まで障がい者の人は、一人ではできないことがあるので、かわいそうと思っていたけど、『プレゼント』を読んで、変わりました。『プレゼント』では、だれも障がい者だからと言って、特別あつかいをしたり、差別をせず、ふつうの人として見ていました。

　車いす一日体験をしたときも、「こんな生活いやだろうなあ、かわいそうだなあ。」と思いました。多分、他の人もだったと思います。だけど、これからは、障がい者として見ず、ふつうの人として、特別あつかい、差別をしたりしないようにしたいです。

6年　やすひろ

　ぼくは、「プレゼント」を読んで、かわいそうだとかいう考えがかわりました。それは、足がなくて車いすに乗っている人でも、特別な目で見るのではなく、一人の人間だという目で見て、ぼくたちのようにはできないかもしれないけれど、同じように遊んだり、勉強をしたりすれば、きっと障がい者ではなく、一人のクラスメイトとして見ることができるのではないかなあと思いました。

　ぼくは、ここで大切なのは、いっしょにいる周りの人たちがどう感じるかだと思いました。ぼくは、もし、車いすに乗っている人を見たら、特別な存在としてみるのではなく、同じ人間だというふうに見たいです。

　この学習の後、鹿児島盲学校に通う全盲の小学生ミュージシャンであった、木下航志さんに学ぶ授業を行いました。その時にメールで交流した航志さんのお母さんから、「たまたま航志が音楽が好きで、それをツールとして人とかかわる事が好き、そんな航志がたまたま視覚に障がいがあったというだけの事…常に自然体でいようと思っています」というメッセージをいただきました。彼らは、このメッセージをもとに、さらに学習を深めていくことになりました。

偶然の出会いを必然の学びに

　新学年スタートの朝、緊張感に包まれて新しい学級と新担任が発表されます。子どもたちは、ここから一生のうちのたった1度限りの「学年」という1年を、偶然決まった新メンバーと偶然出会った担任と共に歩き始めます。必然の学びを求めて。

　1節でまず採り上げたのは、そうした学級の友だちから学ぶという2つの実践でした。すずかさんは、自閉症である弟のことを作文のテーマに選びました。担任であったわたしの励ましと家族の後押しもあり、障がいと共に生きる弟への思いや、家族の関わり合いの中での姉としての学びをまとめ、全校に向けて発表しました。学級の友だちは彼女の思いをしっかりと受け止め、リハーサルの段階から1つになって本番を迎えてくれました。

　仁志くんの妹のことは、小さな小学校でしたので学級の子どもたちのほとんどが知っている事実でした。知ってはいましたが触れずに過ごしていました。いや、触れられないでいたのです。それは、子どもたちの優しさでもあったのでしょう。仁志くんも自分からそのことを語ることはありませんでした。けれども、彼が妹への思いをずっと胸に抱え込んでいることはわかっていました。ですから、わたしがみんなで聞き取る場を準備したとき、彼はずっと抱えていた心配や妹への思いを涙を流しながらみんなに語ってくれたのです。

　同じ学級で過ごす子どもたちは、偶然の出会いが作り出すドラマを通して学び合い、成長して行きます。学級とは、その出会いを出会いとして大切にできること、自分にとって意味づけることを学ぶ場所でもあると思うのです。

　こうした学びは、意識的なとり組みなしには生まれません。もちろん、意識的ということは、無理をして作文に書かせたり、無理をして語らせたりするということではありません。そういう学びの種をまき、芽を出し育つような学級をつくり、そのタイミングを待って背中を押してあげることなのです。もちろん、そういう学びを展開できる保護者の支えを作り出すことも必要で

す。仁志くんの母親は、このエピソードを学級通信に載せる際の依頼の電話先で、彼の成長を照れながらも大変喜んでくれました。すずかさんのお父さんは忙しい仕事の合間を縫って、ビデオカメラを持って意見発表会に参加してくれました。2人はそういう保護者の姿に支えられて成長し、学級の仲間たちはその姿を通して、「生きる」ということの意味を学んだのだと思います。

「その人にこそ」「その時にこそ」の学び

　1節で採り上げた3つめの実践記録は、大分県豊後高田の養護教諭・山田泉さんと子どもたちの出会いの記録であり、3節は2011年に発生した東日本大震災後の1年間のとり組みの記録でした。ここでは、こうした特別な存在、特別な出来事との出会い・出合いによって作る学びについて述べておきましょう。

　教師の役割の中心は主として学校という場で、子どもたちと新しい世界との出合いを作り出すことだと言えるでしょう。新しい世界とは教科書の中に閉じ込められた世界ではなく、教師自身の様々な出合いとそれに基づく創造的な実践によってより豊かに拡がる可能性をもつ世界です。わたしはそう認識した上で、自分自身の出会いを子どもたちにつなぐことにも積極的にとり組んできました。がん患者であった山田さんをはじめ、地域の中でのプロフェッショナルな職人、あるいは文化の担い手として経験を積まれた数多くの人たちをゲスト講師として教室に招きました。子どもたちは、そのゲストによってしか描き出せない「ほんもの」の世界で、心震える実感的な学びの数々を作り出すことができたのです。

　けれども、こうしたゲスト授業は子どもたちが一方的に学びを"与えられる"場ではありませんでした。授業終了後、ゲストの方々は異口同音に「子どもたちから逆に元気をもらった」と語られたのです。その言葉を聴いて、子どもたちは自分たちがそのゲストの世界につながることが、その人の生きる力に影響を与えうるということを学びました。出会いと学びによって生まれる「つながり」がお互いの元気を導き出すのです。わたしは、この双方向性の影

響力についてしっかりと認識しておくべきだと考えています。

　「つながり」という意味においては、もう１つ、教室と社会、子どもたちと社会とをつなぐという視点を欠くことはできません。2011年3月11日に起こった東日本大震災についての学びは、現在から未来へといのちをつないで生きる子どもたちにとって、避けては通れないものでした。

　小学生であっても、社会で起こる災害や事件・事故には敏感です。津波被害だけでなく、原発事故により拡大した大きな不安の中で、それを受け止め乗り越えていくには、やはり現実をしっかりと捉え、自分たちにできることは何なのかを探り、今できる行動をするしかなかったのです。震災直後のリアルタイムでの実践は、ゴールが見通せない中で、１年という関わりの中でできることの限界を自覚しつつ、子どもと共に手探りしていく歩みでした。それは、2011年度にしか作り出せない、2011年度の不安をみんなで乗り越えていくための学びでした。

教育実践における境界線としての “プライバシー”

　２節で紹介した思春期をテーマにした親子の「ホッカイロ」実践には、おおよそ２通りの感想が出されます。１つは実践記録の中でも書いたように、日常の日記からこれほどまでに広がりと深まりを生み出す学習活動が展開できるのかという肯定的感想。もう１つは、家庭内の問題にどこまで学校として踏み込んで良いのかという批判的感想です。これは、仁志さんとすずかさんの実践にもつながることかもしれません。

　わたし自身は、こうした実践においては当然筋書きをもってとり組んだわけですが、その見通し通りにゴールまで辿り着いたわけではありませんでした。「ホッカイロ」の実践は、わたしがけいこさんの日記を読んで構想した「親から子への“愛情”の注ぎ方」を通しての学びのプランを遙かに超えて、思春期時代の親子関係の難しさや関係づくりに必要な言葉について考えさせてくれました。けいこさん親子の間でやり取りされた内容は、当然プライベートなものであり、本人たち、とりわけ母親からしてみれば内緒にしておきた

かった事柄だったのでしょう。この最初の日記を学級通信に載せることについて、当然けいこさんの了解は得ていましたが、母親については確認していませんでした。この点は、今ふり返れば明らかにわたしのミスですが、確認していたなら、その後の展開はなかったかもしれないのです。この辺りが、教育実践のリアルです。

ではなぜ母親に確認しなかったか、それには2つの理由がありました。まず、1つめはこの母親なら理解してくれるだろうと信頼していたこと。2つめは、この母親の言動は感情的なものではあっても親の立場からすれば理解できないことではまったくなく、わたし自身が肯定的に受け止めたということです。したがって、その時点での判断として、この日記文を通信に掲載し親子関係という"プライバシー"を教材化したのでした。

ところが、想定していたようには展開せず、恐らく家庭で親子のバトルが繰り広げられたのでしょう。数日後に母親の手紙が届き（こういう形でわたしの信頼に応えてくれました）、それをみんなで読み合い感想を語り合って、それぞれの家庭で再び話し合う…そういう展開につながりました。

わたしたち教師にとって家庭のプライバシーは踏み込んではならない、当然守るべきものなのですが、その思考によって、子どもたちの生活自体に立ち入らない現実を作り出してはいないか、問い直す必要があるかも知れません。保護者同士の深いつながりや関わり合いをなかなか作り出せないのは、この"プライバシー"という名の不明瞭な境界線が関係しているのかも知れないと考えています。わたしたちは、その境界線を教師にとっての安全地帯で引いてしまってはいないでしょうか？　わたしからの問題提起とさせてください。

第5章

文化との出合い、
人との出会い

1 子どもたちに、「子ども時代」を たっぷりと味わわせたい

子どもの権利条約と子どもの育ち

子どもの権利条約・第31条

1. 締約国は、休息及び余暇についての児童の権利並びに児童がその年齢に適した遊び及びレクリエーションの活動を行い並びに文化的な生活及び芸術に自由に参加する権利を認める。

2. 締約国は、児童が文化的及び芸術的な生活に十分に参加する権利を尊重しかつ促進するものとし、文化的及び芸術的な活動並びにレクリエーション及び余暇の活動のための適当かつ平等な機会の提供を奨励する。

　子どもの権利条約では、その第31条で、上のように「気晴らし・遊び・文化の権利」について規定しています。教育実践の中心テーマに「いのち」を位置づけ、「今」を生きることを大事にする教育を目指してきたわたしにとって、とりわけこうした権利の保障は、最も大切にすべき教育の前提であり、実践を組み立てる際の最も重要な視点であると捉えています。

　しかしながら、子どもたちの生活を見てみると、こうした諸権利の保障には、疑問が残る現実ばかりが横たわっています。わたしが子どもであった、遙か昔の60～70年代。熊本県の農村地帯で育ったわたしにとって、放課後には、正に自分たちで計画を立て、自分たちで中味を作る時間が十分に保障されていました。時々は農作業の手伝いをさせられもしましたが、有り余るほどの時間のほとんどが、「遊び」で占められ、その遊びの中から、友だちとの関係のとり方や社会の基本的なルールを学び、道徳性についても、具体的なものや人とのかかわりの中で、生きた感覚として獲得してきたのです。

　そのような学校外における自主的な「学び」が、学校内におけるカリキュラム的な「学び」と一体となり、今を生きている「わたし」という人格の基礎を育てたと言えます。

　さて、子どもの権利条約が、冒頭のように規定している意味は、子どもたちの育ちにとって、これらの諸活動が欠かすことのできない条件であることを語っているのですが、わたしたち大人が進める「教育・子育て」が、はたしてそういう認識に立ち、展開できているかどうかを問い返す必要性をも示しています。

　わたしが所属している鹿児島子ども研究センターが、かつて発行した『新版かごしま子ども白書』（南方新社、2009）においても、子どもたちの遊びの質の変化を「体や心を動かし、ことばや思いを通わせることが少なく、人との交わりの希薄さが遊びにもはっきり表れています。また異年齢集団のなかで遊びや子ども社会のルール、地域の子ども文化を継承するといった状況もほぼなくなっています」（26頁）と指摘しています。「今日、遊べる？」という前置きがなければ、遊びの約束すらできない現代の子どもたちの生活現実は、やはり寂しすぎます。学習塾、習い事、スポーツ少年団…と、彼らを取り巻く学校外の環境は、それ自体「気晴らし・遊び・文化」の活動と呼べるのかも知れませんが、その文化活動の中に、自分たち自らが考え、決定し、行動するという「主体性」の所在を問えば、即座に課題が浮かび上がってくるのです。

　以下では、そのような認識に立って、わたし自身の小学校での教育実践でのささやかなとり組みを紹介し、この時代において、その保障をどのように具体化していったらよいのかについて考えてみたいと思います。

遊び・文化活動の保障…3つの視点

　時代が変わったとはいえ、子どもたちは「遊び」そのものについては基本的に大好きです。ここで基本的と書いたのは、100％とは言い切れない現実があるからですが、ここでは深入りせずに話を進めましょう。

わたしは、教師の立場から、遊び・文化活動の保障について、教育の目標・課題的側面と方法・動機づけ的側面から捉え、次の3つの視点で具体化してきました。

1. 教科学習の遊び・文化活動化：教科学習の中に、子どもたちが集団的にとり組む「遊び」や文化的活動を積極的にとり入れること

2. 教科外学習における遊び・文化活動の組織：泥んこサッカー、いかだ乗り体験、干し柿作り、かき氷作りなどの体験活動および、芸術鑑賞会や学習発表会などの行事的文化活動を充実させること

3. 放課後や休み時間における遊び・文化活動の提起：子どもたちの自由な時間の中での伝承遊びや昔の遊びなど、遊び自体の指導、また子どもとともに楽しむ遊び・文化活動にとり組むこと

それでは「遊び・文化活動の組織」として、この1と2の視点にもとづく具体的な実践例をいくつか紹介してみます。

実践① 遊び心に火を付ける
―「高級マンション」を作って、給食を食べよう―

4年生の図工では、ダンボール等の身近な材料を使っていつも生活している場所を変える「いつもの場所が変身」という単元があります。子どもたちの遊び心をくすぐり創作意欲を高めるために、わたしはこれを「4年1組・高級マンションを作って給食を食べよう」という単元にして展開することにしました。

わたしの目論見は大当たり。子どもたちは、何日も前からたくさんの材料を持ち寄って、かねてより活きいきと学習活動を展開してくれました。図工と給食とを組み合わせるだけのほんの一工夫で、子どもたちの表情は、正に「ここに子どもあり！」と感じさせてくれるものに大変身したのでした。

4年　もえ

　今日の3、4時間目に図工がありました。みんなが持ってきた材料をもとに、それぞれの班で秘密基地を作りました。パスワードと合い言葉も作りました。その中で給食を食べて、とても楽しかったです。たぶん、今までで1度もこんな楽しいことはなかったと思います。本当によかったです！

4年　こうき

　今日の3、4時間目は図工で、いつもの場所が変身というのをやりました。最初に新聞紙とダンボールを使って、机を作りました。そして入口の周りに新聞紙を入れて工夫をしました。給食時間では、みんなが作った場所で食べました。すごく狭かったので、食べづらかったけどおいしかったです。昼休み時間では、他の班（が作ったところ）で遊びました。他の班の人は、パスワード等を作っていてとてもすごかったです。そして最後に、片付けをしました。作るのはすごく難しかったけど、楽しかったです。

実践② 自然の中でボディ・コミュニケーション
―どしゃ降り泥んこサッカー―

　これは、金森俊朗実践においては、欠かすことのできない子どもたちに大人気のとっておきのとり組みです。わたしは、その教育的意義を次のように引き取った上で、2011年の東日本震災時の原発事故による放射能汚染が心配された年以外は、ほぼ毎年とり組んできました。まず、保護者向けに配布した、実施計画案の一部を抜粋し、紹介してみましょう。

　子どもたちの日常的な遊びが、「テレビゲーム」等を中心とした希薄なものとなって既に久しい。そこに、子どもたちは単に個別の世界を持ち寄り、集まっているだけの時間と空間しかなく、かつての子どもらが体験したような、体を互いにぶつけあうボディ・コミュニケーションや、地域の自然とのコミュニケーションなどの成立は、望むべくもない。

　したがってわたしたちは、こうした現実をも教育課題として捉え、教育活動としてどのように子ども集団に働きかけ、より「豊かな世界」を経験させていくかを考える必要がある。とりわけ、少年期の「原風景」としての「感性」をどう育てていくか、そのための創造的なとりくみが必要なのである。

　こうした認識の下、次のようなねらいをもって「どろんこサッカー」を計画した。

(1) 季節の移り変わりを、からだ全体で感じ取らせる。

(2) 雨の中でどろんこになって遊び、子どもたちの心とからだを解きほぐして、今しか味わわせられない「子ども時代」を味わわせる。

(3) 天候状況と、自分たちの体のコンディション、その他の条件（道具の準備状況等）を総合的に捉え、実施決定にかかわる話し合いをし、自主的判断力等を養う。

　当然のことながら、実施を決める前段階では管理職にこうしたとり組みの意義を説明し、実施後には校庭整備を行うことや保護者の賛同を得てからやること等、しっかりと段取りを踏まえています。「やめてくれ」と拒否反応を示す校長であれば、もちろん説得する必要がありますが（笑）、大体は「ノープロブレム」。ニコニコと眺めていてくれました。余談になりますが、わたしが小学校を退職する年の最後のどろんこサッカーを認め、励ましてくれた校長先生は素晴らしい方でした。当日、デジカメと傘を持って子どもたちを追いかけ回り、たくさんの写真を撮ってくれ、それを校長室の廊下の壁一面に貼り出してくれたのです。本当に人間的でとても素敵な校長先生でした。

　さて、何日も前から着替えを準備し、雨を心待ちにしていた子どもたち。6月の終わり近くに、ようやくまとまった雨が降りました。けれども、「やるぞ！」という時に、雨が上がって急遽取りやめ。「ガクッ。」そして、翌日、ようやく本番を迎えることができた子どもの感想です。

4年　けんたろう

　ぼくは、今日どろんこサッカーをやりました。最初はびしょぬれになるぞと思っていたけど、実際にやるとびしょぬれになることも気付かないで、夢中になってやっていました。だけど、耳には砂が入って、足は砂だらけ。でもたくさん砂まみれで汚れすぎたなと思いました。だけど、後から、汚れるのも勉強の１つ、そして、どろんこサッカーをやれる人は恵まれているなと思いました。この体験ができて、すごくよかったと自分で思います。そして、毎日どろんこサッカーをしたいです。

実践③　地域の文化に触れる
―芸術鑑賞会・霧島九面太鼓―

　多くの学校で行われていると思いますが、わたしの勤務した学校でも、毎年、芸術鑑賞会が開催されていました。ある年は、霧島九面太鼓の演奏を全校で聴きました。迫力満点、太鼓の振動が腹の底から響き、正に魂を突き動かす演奏でした。

　初めじっと座っていた子どもたちは、だんだんと膝を立て、身を乗り出し、とうとう立ち上がっていました。やはり、人間は、こういうほんものの芸術・文化に触れることで、心豊かになり、人間として成長していくのだと思います。

4年　てつろう

　今日、2、3時間目に、芸術鑑賞会がありました。体育館に入ると、たいこがたくさんならんでいました。大きいたいこや小さいたいこ、いろいろなたいこが並んでいました。大きいたいこを叩いていたとき、地面までしん動が来て、おしりがとてもひりひりしたような気がしました。その大きなたいこをたたき終わったときも、少ししん動があったような気がしました。最初のたいこのえんそうで、仮面

178

をかぶった人たちが出てきました。あんな仮面をかぶった人たちが
家に入ってきたら、ぼくはめっちゃこわいです。たぶんあまりのこ
わさで、ふとんの中にもぐっちゃいそうなくらいこわいです。とて
もきれいなえんそうだったので、とても楽しかったです。とっても
かっこよかったです。

　子どもたちにとっての「気晴らし・遊び・文化の権利」とは、何よりも今
生きている「子ども時代」を、子どもらしく存分に味わうことへの権利だと
考えています。残念ながら、このことを忘れた中で進められる、学力向上対策、
いじめ防止対策、道徳教育の強化…等々の子どもたちを取り巻く大人の「対策」
包囲網は、彼らのこの権利を剥奪する機能しか果たしていないように思うの
です。

　さらに、現在、こうした学びの機会を、「新型コロナウイルス」等の新感染
症と向き合い、生きなくてはならない時代にどのように保障していくのか、
真剣に考える必要があります。

　今こそ、わたしたち大人はわたしたちが子どもであった時代を振り返り、
子どもたちにとって本当に大切なものは何なのかを、冷静に考えることから
始める必要がないでしょうか。決してノスタルジーに浸るのではなく。

　子どもたちの輝く笑顔は、本当に素晴らしいものです。そこから元気をも
らって、わたしたちも「大人時代」をたっぷりと味わい、楽しみたいと思い
ます。

2 「恋愛クラブ」を科学する
〜思春期の子どもたちの異文化交流

　新学期早々、新しいクラスになったばかりの6年生の男の子たち5名が集まって、「恋愛クラブ・ハレンチマスターズ」という名の、何ともあやしげな仲良しグループを結成しました。クラブの主な活動内容は、好みのタイプの子の話や、どこからか仕入れてきた「エッチ話」で交流すること。休み時間に渡り廊下の隅っこに集まって、密かに盛り上がっているようでした。

　一方、こうした男の子の活動を、しかめ顔で見ている女の子たち。その後、「ブリッ子度84点」と点数まで付けられてしまっては、とうとう怒り爆発…。こうして、2011年度、「3.11」後の1年間の学級のドラマが、本格的にスタートすることになりました。

　思春期の中の子どもたちは、自らのからだと心の成長のアンバランスを、「仲間」との連帯によって安定させようと試みます。わたしは、この「安定」の中味（内容と方法）をしっかりと読み取り、子どもたちに寄り添いながら丁寧な関わりを創り出すことが、高学年担任にとっての大きな役割であると捉えています。

　ここでは、「恋愛クラブ」に典型化される思春期の子どもたちの生活現実と教育実践とをどのようにつなぎ、展開していったのか、1つの授業実践を中心に報告してみたいと思います。

思春期の発達特徴を踏まえて

　小学校高学年期・思春期入り口の発達特徴は、一般的には次のように捉えられています（赤羽潔『「思春期」の入り口で』福教社、1994年）。

①友だち関係への深いこだわり、自分への強いこだわりを示すこと
②自分の理想的な姿を求めて、さまざまな思いを抱き、揺れること
③抽象的なことがらへの乗りだし、幅のある学習活動を展開すること
④異性・同性（※筆者加筆）への強い関心を、さまざまな形で示していくこと

　こうした特徴を押さえた上で、わたしが特に重要だと考えているのは、自立、とりわけ性的自立に影響を与える「友だち関係へのこだわり」についてです。「青少年の性行動調査」（日本性教育協会）等、数多くの調査において明らかにされているように、子ども・青年の性的知識や意識、性観の形成にとって重大な影響を与えるものが、「友だちからの情報」です。そこでやりとりされる情報の質、その情報のやりとりのされ方、また、逆にやりとりされない情報、やりとりされない場合の方法（情報からの疎外のされ方）について、分析的に捉えておく必要がありますし、子ども一人ひとりに具体的に関わっていく実践的なアプローチは、それによってよりきめ細かなものになると考えています。

　したがって、この節の冒頭に述べたような学級における子どもたちの集団関係（の問題）は、単に生徒指導的視点で把握し、対処療法的に個別に「解決」するのではなく、性教育などを中心とする「いのち」に関する学習課題にしっかりと位置づけて展開していく必要があるでしょう。

実践「恋愛クラブを科学する」①　テーマ設定

　冒頭に述べたように、「恋愛クラブ」を作った男子5人は、まさしく「思春期の入り口に立つ少年」という存在でした。彼らは、自分たちの結びつきをより強固なものにするために、その手段として、興味・関心の最も高い「恋

愛の世界」、そして、裏文化としての「エロい世界」を選び取ったのです。

　残念ながら、その世界は、溢れる商業主義的性情報によって大きく歪められており、過剰な「プレッシャー」を与える世界です。小学生のうちから「恋愛の世界」へのあこがれと接近意欲を煽り、顔や体型といった外見偏重の「男性」観・「女性」観を育みながら、正に子どもたちを不自然な「青春時代」へと前倒しの状態で引っ張り込もうとするのです。

　もちろん、その世界にはまだまだ無関心の子どもたちもいますし、いわゆる「男子」の接触する世界と「女子」のそれとの間には、質的にも量的にも大きな差が存在します。したがって、教室は、二重の意味での「異文化接触」の場となり、ここで「友だちからの情報」というものが、「文化伝搬」にとっての大きな役割を果たすことになるのです。

　そして、この文化の伝搬は、歪められた知識によって、時々あらぬ行動へとつながってしまいます。それが、例えば「ブリッ子度」の点数化といった「スクール・セクシュアル・ハラスメント」まがいの事態、所謂「男女の対立」につながったのでしょう。

　男子にとっては、冗談の範囲であっても、外見的評価の対象にさらされた立場の女子にとっては、決して居心地の良いものではありませんでした。

　そこで、わたしは、小学校高学年期におけるこうした男女の対立を、自分たちの成長段階に位置づけ、客観的に捉える学びを作り出したいと考えました。そのことで、互いに居心地の悪い「不幸」な関係から、「まあ、そういうことか」と納得、理解し合える関係に成長させ、客観的な自己分析、自己制御のできる力を備えた子ども関係に高めたいと思いました。

　そしてもう一つ、思春期の時代は、保護者にとってもわが子の中になかなか理解できない世界の存在を感じるときでもあります。そこには、「思春期」と「更年期」というホルモンバランスを巡っての身体と心の不安定期の重なり合いという問題も隠れています。

　したがって、「恋愛クラブ」を巡っての学習を、7月の授業参観日に実施し、こうした男女と親子関係という、2つの世界の「異文化交流」の学習として展開したいと考えました。

　尚、念のため断っておきますが、この実践での「男女」とは、性別二分法を前提とし、そこに留まるための概念としてではなく、第二次性徴の発現等、生物学的把握にもとづく子どもたちの生活的概念としての「男子」「女子」を前提として用いています。したがって、実践全体としては、性の多様性を前提としたジェンダー平等を指向するものです。

実践「恋愛クラブを科学する」②　授業のねらい

〇思春期の入り口に立った子どもたちに、「今」を見つめ、成長の階段を上りつつあることを確認させるとともに、月経・射精および、第二次性徴発現のメカニズムについて知らせ、心身の発達段階とその不安定さを客観的に捉える力を育てる。

〇思春期の時代の子ども同士の「理解のできなさ」の背景には、ホルモンバランスの問題があるが、お互いがそれを理解し合うことにより、コントロールすることができることをつかませる。

〇子どもにとっての思春期時代と、親にとっての更年期時代とが重なり合い、それに受験期などが加わることで、これからの親子関係が、二重三重の不安定な時代を迎えることを共通認識とする。

実践「恋愛クラブを科学する」③　主な授業の流れ

①「恋愛クラブ」の紹介
②「愛」とは？〜注ぐもの・注がれるもの
③性（男と女）のグラデーション・境界線
④思春期と更年期〜どちらもホルモンの作用
⑤思春期に起こる体の変化と月経・射精（復習）
⑥学習のまとめ

授業は、「恋愛クラブ」メンバーによる活動の紹介から始まり、そうした活

動への興味・関心が「思春期」の時代になぜ湧き起こるのか、その理由を、科学的に探るというスタイルで展開していきました。

おもな内容構成については、上の通りですが、子どもたちには、「エロい世界」への関心が、成長ホルモン分泌による心身の成長の結果であることを確認してもらいました。

また、保護者に向けては、ホルモン分泌の「思春期」時代を、ホルモン減少の「更年期」という時代で支えることの大変さを、脳下垂体と自律神経との関連で語り、子育ての「つらさ」を受け止める一助にして欲しいと伝えました。

実践「恋愛クラブを科学する」④　授業を終えて

授業を通しての、子どもたちと保護者の感想文をいくつか紹介しましょう。それぞれの立場で、参加し、考えてもらうことができたようです。まずは子どもたちの感想です。

6年　はると

5時間目に、授業参観がありました。「いのちの授業」をして、恋愛クラブを科学でさぐりました。

思春期は、親に八つ当たりしたりするころだから、更年期の親とうまく付き合っていきたいなあと思いました。日常の生活にいかしたいと思いました。

6年　しずか

五時間目に、いろいろなことを学びました。恋愛クラブを作るのはいいけど、それによって、人をきずつけたりするのはよくないと思いました。また、今から、思春期に入ります。それと同時に、親はこうねん期に入って、それと同時に受験も重なり、思春期は自分にとって大事だけど、親も大変だと思いました。

　一番最初のミッションで、「となりの人と手をつなごう」というミッションがありました。わたしは、少しはずかしくて、最初できませんでした。でも、これが、心が成長しているというしょうこなんだと思いました。また、体つきも男性らしく、女性らしくなって、心も体も成長しているんじゃないかと改めて思いました。

　思春期…。それは、心と体が大きく変化する一生に一度の大切な時期で、自分の気持ちだけでなく、相手の気持ちも大切にしないといけないんだなと思いました。

　わたしは、女性のはいらんが、一生のうち約400回ということを知りませんでした。自分の体と心は、自分でしっかり学んでいきたいと思います。

6年　さき

　今日、6時間目に心と体の成長について学習しました。

　体は、年れいとともに大きくなります。心も同じで、年れいとともに「悩み」というものも考え始めます。その時期が「思春期」なのです。そして、体の中では、男子は精そうといって、精子をつくり、女子は卵そうといって卵子をつくっています。わたしは、心と体は、つながっているように思い、ともに大きく成長していくんだと思いました。

続いて、保護者の感想です。

Mさん

　先日のような性教育＝自分の性（自分の体・仕組み）他人の性（他方の体・仕組み）を知る事により、いずれ訪れる大人の世界で、素晴らしい「愛」を勝ち取っていくのでしょうね。

　教室に今いる子どもたちは、まだ思春期の入口で興味・関心に戯れ、得体の知れぬものとして捉えていたと思いますが、（「変愛クラブ」から「恋愛クラブ」に変化し）先生の今からのお導きで、きっと中身が素晴らしい事、楽しい事を知るように思います。

　一方、わたしたち親も更年期にさしかかり、反比例ならぬ比例方式でスムーズに乗り切っていく話題も楽しみにしています。

Sさん

　思春期を迎えつつある息子に、どのように性教育をしていけば良いのか、迷っていた矢先でのこの授業は、大変ありがたかったです。

　異性に興味を持つと共に、自らも性に目覚める事は当然であり、恥ではない事、男性と女性の違いなど…。ただ、わたしが息子に伝えたかった事は、「相手の立場に立って考える」ということでした。周囲が、不愉快な思いをしないように行動することなど、一緒に考えました。良いきっかけを作ってくださり、ありがとうございました。

　授業の最後の方での質問で、「朝起きたら下着が汚れていたことのある人」という答えにくい質問に、ひかえめながらも、手を挙げた男の子の勇気と正直さに感動しました。心から、尊敬と拍手をおくりたいです。

　このように、「恋愛クラブを科学する」の授業は、一学期初めの「男子」と「女子」の集団関係をテーマに作った授業でした。その後、学級集団が、心理的に男子対女子の構図で少しずつ離れたり対立したりしましたが、この授業を通して獲得した力で、子どもたちは、自分たち自身でその関係を修正・修復していくことができました。

　思春期の子どもたちの生きる力は、やはり、子どもたちの生きている現実を捉えた学習の準備、そして、それを見守り支える保護者へのアプローチによって育まれるものだと、今、改めて確認しています。

　思春期の子どもたちの生きる力は、やはり、子どもたちの生きている現実を捉えた学習の準備、そして、それを見守り支える保護者へのアプローチによって育まれるものだと、今、改めて確認しています。

　最後に、一年間をふりかえっての「恋愛クラブ」のメンバーたちの感想文を紹介しておきたいと思います。

6年　さとる

　一年間「いのちの授業」を振り返ると、いろいろなことを学んだと思った。小便について考えたり、死の授業をしたり、本当にたくさんのことを学んだ。授業ごとに感じたことは違ったけれど、今思い出せば、感想の時に考えていたのは、すべて「生きているということって素晴らしい」ということだった。

　少しずつの学びが、やがて大きな学びになってきていて、それはすべて生活に生かしていける学びだった。その学びを活かしてこれたか、今はわからないけれど、死ぬときにはきっとわかると思う。「生きていくということは、だれかに借りを作ること」「生きていくということは、その借りを返していくこと」この詩の素晴らしさは、いのちの授業をした後だと、とても心に響いた。このような素晴らしい授業してこれたのも、「生きている」からだと思った。

---

3 人と人とのつながりを土台に、価値ある学びを
～種子島で「南中ソーラン」を踊る

少子化の中の教育実践の課題

　鹿児島市内の全校児童1200名の規模の学校から、山間部にある20名の学校へ転勤した時、たくさんの人たちが「のんびりしていて、いいでしょう」と声をかけてくれました。確かに、授業中に鶯の鳴き声は聞こえてきますし、休み時間には教室の窓からゲートボールへと向かう近所のおばあちゃん達と話ができました。小さな職員室の行事黒板には、子どもと職員一人ひとりの誕生日が書き込まれ、月に一度の全校給食でお祝いします。小規模校には、大規模校ではなかなか味わうことのできない、ほのぼのとした映画のような雰囲気が漂っていました。

　けれども、どこの学校にも外からだけでは捉え切れない問題や悩みが必ず存在するのです。小規模校にも、決してバラ色にばかり描けない現実がありました。

　過疎化によって、「少子化」の波が一足も二足も早く訪れたへき地の小規模校では、いわゆる一般的な教育実践の思考の枠組みではどうにも立ち行かない場面が数多く立ち現れます。そうじ配当や委員会・クラブ活動の組織などはもちろん、体育や音楽の授業内容・方法は、子どもの「人数」という物理的条件に左右されてしまいますし、パスワークプレーさえ成立しない人数の子どもたちと、「バスケットボール」の（で）何を学ぶか、合唱・合奏をどうやって学ばせるか、といったスタートラインの手前のところから始めなければならないのです。

　さらに、就学前から狭い人間関係の中で生活しなくてはならない子ども集団の中には、親密な人間関係と同時に、固定化された能力観の支配する人間関係が存在していました。へき地や小規模校に在籍するというそれだけで、

コンプレックスを感じる子どももいないわけではありません。

　わたしは、現役時代7校の小学校に勤務しましたが、そのうちの3校は、全校児童が20名、50名、90名という小規模の学校でした。自治体による教育財政の違い、地理的条件や複式学級の有無等により、学校毎の解決すべき課題に多少の違いはありましたが、子どもたちの抱える現実問題と、それに応える教育実践の課題には、先に触れたような小規模校ならではの共通点も少なくありませんでした。

　この節では、わたしにとって、小規模校勤務2校目となった種子島の住吉小学校6年生での実践を紹介したいと思います。種子島の小さな小学校で出会った12人の子どもたちが、「南中ソーラン」と出合い、少しずつ自信を獲得していく、体育を核にした学級づくりの記録です。この子どもたちとの出会いは、わたしにとって「教育とは何か」「子どもたちに寄り添うとはどういうことか」を問い直す、重要な節目となるものでした。

「大変な子どもたち」

　新学期スタートの朝、6年生の教室に入ってまず感じたのは「空気の重たさ」であり、「けだるさ」でした。今までの子どもたちとは、明らかに違うトーン。どんよりと静まりかえった教室は、そこにいるのがつらくなるほどの居心地の悪さ…。その頃のわたしの実践記録ノートには、「考えることをすぐに放棄する、話し合いができない、異質な者を排除する、下学年の子どもをいじめる…」といった、彼らのマイナス面ばかりがメモされています。この年担任をした子どもたちとは、こういう状態で出会いました。

　しばらく様子を見てみると、彼らのけだるさの背景が徐々にはっきりとしてきました。そして、その核心的原因を一言で述べるならば、「自己肯定感」の欠如ということに他なりませんでした。小学校入学前から、「大変な子どもたち」と噂されたという彼らは、学年を重ねるにつれて、「自信」を削り取られてしまったようでした。

　転校生がある以外は、保育園から中学校までの10数年を、同じメンバーで

過ごさなければならない子どもたち。「いじめ」や何らかのトラブルにより、集団内の人間関係が一旦いびつな形でできあがると、それが固定化されてしまい、なかなか崩せなくなるのです。さらに、その集団を取り巻く親や教師、他学年の子どもたちや地域との関係でも、「あの学年は…」と一度評価が下されてしまうと、なかなかそこから抜け出せないのです。

　しかし、これは子どもたちの責任ではありません。やはり、（意図的ではないにせよ）こうした関係をそのままにしてしまった教師と親の責任であり、それを乗り越えるだけの学習とそれに基づく「感動」を味わわせてこなかった結果であるのです。

　彼らは「本物」に出合ってこなかったのです。偽物文化にどっぷりとつかり、くだらないギャグの世界にしか生きさせてもらえなかったのです。だから、とたんに真面目な「学習」となるとお手上げ状態になってしまうのでした。

　検尿回収日の「おしっこ」をテーマにした「いのち」の学習、新聞紙480枚を貼り合わせて描いた「奈良の大仏」づくり、妊婦さんや新聞記者を招いた具体的に生きる人からの学習等、様々なとりくみを組織した１学期を終えてなお、彼らの生活に好転のきざしは見えてきませんでした。

　わたしは、子どもたちの現実について、職場の同僚や研究会の仲間に語り、相談していきました。そして、夏休みのある研究会で学生時代の恩師に紹介されたのが、「南中ソーラン」だったのです。北海道で生まれ、多くの子どもたちを変えた「南中ソーラン」を、この鉄砲伝来とロケットの島・種子島でやってみたい。「子どもが変わる」というその踊りを、この子どもたちにもぶつけてみたいと思いました。

「住小ソーラン」への道①
子どもたちと「南中ソーラン」との出会い

　10月、待っていたビデオが届きました。さっそく視てみると、北海道稚内市立南中学校の子どもたちの生き生きとした姿、晴れ晴れとした表情が飛び出してきました。思わず鳥肌が立ちます。
　「これは、すごいぞ…。」
　翌日の教室で、少々恩着せがましく、もったいぶりながらビデオデッキのスタートボタンを押すと、軽快なロック調「ソーラン節」にのって、南中の子どもたちがわがクラス 12 人の目の前に現れました。しばらく食い入るように見ていた彼らは、ビデオ終了後、一斉に「先生、踊りたい！」と、目を輝かせました。確かにそこには、これまでとはまったく違う雰囲気がありました。実行委員に立候補者を募ると、4 人の手がさっと挙がったのです。

6 年　なな

　わたしは、南中ソーランを見て、すぐに思ったことは、「うわーすごい。」でした。先生から、本当にすごいと聞いていたけれど、こんなにすごいとは思いませんでした。そして、「本当にわたしたちにできるのかなあ」と思いました。すごく音楽もはやいし、動きもむずかしいので、すごく不安になりました。だけど、みんながやる気になって、一生けん命がんばれば、絶対できると思うので、みんなで力を合わせて踊れるようになりたいです。

「住小ソーラン」への道②　めざせ「住小ソーラン」

　実行委員は、さっそくその日から練習を開始しました。様々なとり組みになかなか火がつかなかったそれまでがまるで嘘のように、彼らは家庭での自主練習に積極的にとり組み始めました。

　これほどまでに彼らをひきつけたのは、伊藤多喜雄さん独特の「ソーラン節」の軽快さと、春日壽升さんの見事な振り付けによる踊りの華やかさ、そして何より、ビデオで見た「ツッパリ」中学生たちの真剣な表情に、彼らの心が魅せられたからでしょう。

　めざすは、「住小ソーラン」。まずは、２月に行われる学習発表会をめざした、12人の長いながいとり組みが始まりました。

　子どもたちが、この踊りを自分たちのからだと心に刻んだとき、きっと「住小ソーラン」と呼ぶにふさわしい自分たちの文化になっているはず。わたしは、そう期待していました。

　ひと通り踊りの形を覚えることは、実行委員の指導を中心とした体育の授業で行うことにしました。さすが「現代っ子」です。ビデオを視ながら、動きを覚えることなど、彼らにとってはそれほど難しい課題ではなかったようでした。４人の実行委員は、わたしよりはるかに短時間で覚えきりました。そして、最初はすぐに覚えられるかどうか自信がなかった他の子どもたちも、実行委員の積極的な姿勢に刺激され、瞬く間に踊れるようになっていきました。

　踊り込みの段階は、毎日の朝の会・帰りの会で１回ずつ踊ることにしました。曲を流し始めると、隣の教室の下級生たちも集まってきて、廊下側の窓越しに、あこがれの視線を送るようになりました。先生たちも、「わたしにも教えてよ。」「学習発表会、期待しているよ。」と、廊下で声をかけてくれます。小規模校のよさは、このように子どもたちの姿が見えやすく、関わり合いやすいということです。廊下は、単に移動する空間ではなく、教室という枠を越えた「ふれあい」を作り出す場所でした。

　子どもたちは、自分たちをとり巻く人たちの「視線」や「声かけ」を通して、自分たちに少しずつ自信をつかんでいくようでした。

授業参観日に行った中間発表会を見たある母親は、わが子の変化に手応えを感じ、次のような感想を寄せてエールを送ってくれました。

何でも自信を持って

Kさん

何事にも中途半端であきらめやすい性格だったのが、この南中ソーランを一生懸命ビデオを見ながら覚えて、立派に踊っていました。これからも、この調子で自信を持って出来ることを見つけてください。

もちろん、子どもたちもその期待に応えようと、自分たちの踊り自体にきびしく要求を出せるようになっていきます。

6年　まみ

わたしは、ソーラン節が前よりはうまくなったと思います。だけど、こうした方がいいというところもあります。1つめは、こしが高いので低くするということ。2つめは、あみを集める動作の時に、流さないでとめるようにするということ。3つめは、「どっこいしょ」のときに、早くなったり、おそくなったりしないようにするということと、4つめは2番の「どっこいしょ」のときに、頭の所に手をきちんと回すということです。

「住小ソーラン」への道③
家族の支えで「住小ソーラン」大成功！

　1月、母親たちの協力により長半天が無事完成しました。裁縫の得意なお母さんをリーダーに、夜間公民館に集まって作り上げてもらいました。背中のロゴは、話し合いの結果「住吉座」に決まり、子どもたちが丁寧にペンキでかき込みました。

　黒のTシャツとジャージ、黒足袋とバンダナで、衣装はバッチリ。それを身にまとい、練習場所の体育館に向かう子どもたちの表情は、とても自慢げでかわいらしくさえ思えました。大人ぶってとげとげしかった子どもたちが、自然に「子ども」に返っていると感じました。

　最終的な踊りと場の構成も、実行委員会の子どもたちを中心に、「ああでもない、こうでもない」と試行錯誤しながらようやくできあがりました。そして、いよいよ本番を迎えることになるのです。

　当日は、「住小ソーランへの道」と題する構成劇として発表しました。何をするにも、身が入らず叱られてばかりの子どもたちが、ソーラン節と出合い、その練習に熱中する中で勇気と元気を取り戻すという、まさに彼らの歩みそのもののノンフィクションストーリーです。

　子どもたちの力は、やはり素晴らしいものでした。彼らが約4ヵ月をかけて作り上げた精一杯の舞台は、本当に見事でたくさんの観客にも大きな感動を与えてくれました。そして、もちろん誰よりも彼ら自身が、それをじっくりと味わっていました。

　わたしは、保護者が届けてくれた感想文を読んで涙がこぼれました。それと同時に、教育実践にとっての保護者との「協働」とは、こういうつながりや支えあいの関係を作り出すことではないのかと、気がつくことになったのです。

Sさん

　家で聞いていると、どうかなあ〜、ちゃんとできるのかなあと不安でした。でも、ほんとうに立派でした。あんなステキな住吉小ソーランができるとは、思いませんでした。なんとも言えない感激で、胸がいっぱいになりました。わが子がとっても大きく見えました（親バカかな？）ここ住吉だけでなく、たくさんの人に見せてやりたいと思うぐらい、もったいなかったです。

　こんなにステキな住吉小ソーランにしてくださって、先生、ほんとうにありがとうございました。12名の子どもたち、ほんとうにご苦労様！おかあさんたちもがんばって長半天を作ったかいがありました。

　立派な住吉小ソーランに出会えてよかったね。一生心に残りそうです。おつかれ様でした。

　６年生の発表、素晴らしかったと思いました。ソーラン節をすると聞いた時は、大丈夫かな？お母さん達がはっぴをぬってもむだになるのではとか思っていましたが、発表を見てすごく感動しました。

　みんな、すごく練習をしたんだろうなあーと思い、12人、みんなを見直しました。踊りだけでなく、踊るまでの流れも入れて、すごくよかったと思いました。お父さん、お母さん、すごく感動していました。だから、夜の方（※飲み会）もすぐ決まり、はずんだと思います。

　子どもと先生と親のチームワークだと思いました。残り少ない小学生生活をこれから有意義に過ごせるのではないでしょうか。いい思い出ができたと思います。

　先生、子ども達、おつかれさまでした。

　卒業を前に、自分たちの歩みを振り返る中で、ほとんどの子どもたちが、次のように綴り、心に刻んでくれています。

6年　まみ

　この６年間、いろいろありがとうございました。わたしが、この６年間で１番心に残っていることは、やっぱり南中ソーランです。今までで１番、みんなでがんばったと思います。長半天も、お母さん達が作ってくれたのを自分たちでペンキで「住吉座」とかいたりしました。その長半天を着て、学習発表会やわかさ園でおどったことが、１番心に残っています。中学生になっても、いろいろなことをみんなで力を合わせてがんばりたいです。

　子どもたちを信じてとりくんできたことが間違いではなかったと、あらためてそう思うことができました。発表に感動した父親らは、その後自ら、老人ホーム慰問を計画実行し、当時全国各地から多くの参加者を得て実施されていた「種子島ロケットマラソン」でのアトラクションの発表まで実現させ

てしまいました。

　子どもたちが親を変え、親の行動がまた子どもたちに自信を与えてくれたのです。もちろん、4月当初から教室に漂い続けていた「けだるさ」の空気は、きれいになくなっていました。

自分たちの文化を創り出す学びを

　学校（規模）に応じて、解決すべき実践的課題が違うのは当然です。様々な教育条件をはじめ、何よりもそこで学ぶ子ども自身とその育ちの背景が異なるからです。したがって、あたりまえのことですが、教育実践は、まず目の前の子どもたちの現実から出発しなければならないのです。

　この実践の前提条件としてあった「少子化」が進行する中で、露呈してくる課題も少なくはありません。特に、直接人数に左右されやすい体育科の授業では、一層明確に教科内容と教材との関係を問わざるを得なくなりますし、授業展開の工夫もより意識化されなければならなくなります。

　「住小ソーラン」へのとりくみを通して、わたしが子どもたちや親から教えてもらったことは、子どもたちのおかれた現実と彼らがつながっている様々な人間関係を土台にして、感動できる本物の文化を、自分たちの文化として創り出す学びが極めて重要であるということでした。

　本物を学び、他者とのつながりを確認できた子どもたちは、必ず、自己を肯定して生きる力を持ち、「自尊感情」を豊かにします。それは、保護者が保護者として生きるための「自尊感情」にも大きなエネルギーを与えるものだったのです。

第5章・実践のふりかえり

「子ども時代」を子どもとして過ごせるように

　ある小学校の教室を訪ねた時、ちょうど休み時間でした。コロナ禍で活動を制限されているにもかかわらず、子どもたちには「3密」なんてどこ吹く風。その様子を、わたしは「だってそうだよね」と引き取りました。子どもたちは友だちを作り、ふれあうために学校に来ているのです。ウイルスに感染しないためにやって来たのではありません。かれらの本能的なたくましさを確認し、改めて学校の役割を考えました。やはりわたしたちは、子どもたちからこういう大事な時間を奪ってはならないし、そのためにこそとり組まなければならないのです。

　本章では、文化との出合いとそれを仲立ちとした人との出会いをテーマに展開しました。第1節では、まず子どもの権利条約第31条「気晴らし・遊び・文化の権利」の視点から、わたしが大切にしてきた事柄とその具現化としての実践例を図工、体育、特別活動で紹介しました。ここではあくまでそれぞれの教科、領域の特質を踏まえ、その面白さを追究できる活動として組織していく必要性を述べたつもりです。

　その意図的展開のためには、やはり子どもたちの生活を丁寧に読み取ることが必要になってきます。かれらが、日常的にどんな遊びとつながっているのか、それはどんな人間関係をもたらしているのか、生活日記や日頃の会話の中から理解し、課題を掴みます。そうしてかれらの要求と教師の願いを1つにして「学級文化活動」として展開していくのです。授業時数との関係で制限はありましたが、手の労働体験としての「鉛筆削りコンテスト」、学校中の冷蔵庫のある場所の探検とセットにした「かき氷大会」、2学期のスタートを飾る「スポンジ飛ばし大会」、秋の「干し柿作り大会」等、ほぼ毎年何とかやり繰りしながら子どもたちとたのしみました。こうしたとり組みの背景には、ナイフを使えない、汚れることを怖れる、友だちとからだをぶつけ合わせた経験が少ない、遊びを創造的に工夫した経験に乏しいといったどの学年

198

にも共通する生活課題がありました。

　子どもたちの遊び心を大切にした楽しい学級イベントは、子どもたちが関わり合い育ち合う場であると共に、教師の喜びや元気をも引っ張り出してくれるものです。今日の学力重視の風潮の中でも、「子どもたちともっと楽しんでみませんか？」というわたしからの提案とさせてください。

子どもの性的行動を思春期時代の "人間学習" の入口に

　プールの授業の着替えの際に男児が性器を見せ合って大きさを比べている、特に最近性交について興味があるようだ、ネットで動画を見ている、教師に対して性的な発言をする…。小・中学校での飛び込み授業の際に先生たちから出された了どもたちの性的行動の具体例です。どう対応したらよいかわからないという「SOS」でもあります。けれども、もっとわかっていないのは子どもたちの方なのですね。思い出してみてください。思春期時代、自分のからだの変化とともに、湧き起こってきた得体の知れない感情と行動への自分自身の戸惑いを。

　思春期時代をはるか昔に通り過ぎた教師や親たちにとっては、一旦は自分の思春期時代に立ち返りそういう行動の意味を理解することが必要になりますが、その際子どもたちが思春期時代を迎える現代が、スマホをはじめとするIT機器による情報洪水時代であるという点を踏まえる必要があります。教師や保護者が育ってきた思春期時代と子どもたちの迎えるそれは明らかにその成立する条件が異なります。わたしは、それを「4K」…つまり、「加工された過激な性的情報が過剰な量で低年齢の子どもたちまで前倒しに加速して取り囲む時代」と捉えています。飛び込み授業に行った別の小学校では、「潮吹きの中に卵子は入っているんですか？」と尋ねてくる子どももいました。聞けば、「潮吹きはDVDを見て知った」とのこと。子どもたちは、質問が出せる相手には質問を投げかけてくれるのです。決して眠っているのではなく不自然な形で起きています。このエピソードに象徴されるように、かれらは思春期時代を4Kと共に迎えるのです。

2節で取り上げた「恋愛クラブ」の実践は、まさにその不自然さが「男子」と「女子」の対立を生み、それを科学的な性の学習によって乗り越えさせようと展開したものでした。授業参観日の親子学習として位置づけたのは、やはり思春期問題は親子関係の問題を含むものであり、子どもにとっても保護者にとっても不安定な時期を客観的に捉えるための学習が必要だと考えてのことです。

　尚、付け加えておきますが、年齢に見合わない強い性的関心や逸脱と思われるような性的行動など、性的虐待等に起因する「性化行動」については専門的な立場からのフォローが必要となりますので、判断に迷う場合には1人で抱え込まず養護教諭等の専門的な知識をもつ人へ相談することも忘れないでください。

子どもに寄り添うということの意味を

　樹木希林さんの遺作となった映画『日々是好日』(2018) の中で、「世の中にはすぐにわかることとすぐにはわからないことの2種類しかない」という台詞があります。わたしたち教師は、年数を重ねればそれなりに授業は上手になりますし、子どもたちとのやりとりもうまくなります。けれども、やはり「これでわかった」という境地にはなかなか辿り着けませんね。「仕事」というものは、おそらくすべてが「すぐにはわからないこと」と言えるでしょう。すぐにはわからないことは、やはり「わかろうと努力せよ」ということなのです。

　3節は、わたしの教師人生の中で最も大切なことに気づかせてくれた種子島の子どもたちの記録でした。ここでは、かれらの成人式の日に贈ったメッセージを紹介し解説に代えたいと思います。

　－前略－6年生教室で初めて出会ったみなさんは、エネルギーの吐き出し方がまだ分からず、悶々としているようでした。その出会いから、みんなと一緒にあれこれ様々なことにとり組んだ1年でした…。

　体育館に新聞紙480枚を敷いて描いた等身大大仏の絵、車いす一日体験学習、百人一首、「朝のコント」、Yさんのお父さんや種村エイ子先生のゲスト授業、みんなが燃えた住小ソーランはわかさ園やロケットマラソンでも踊りました…。何か、卒業式の呼びかけ風になってしまいましたが、みなさんと作り出した思い出のシーンは、今とてもとてもここに描ききれません。

　けれど、どうでしょう。みなさんの記憶としては、どれだけ残っているのでしょうか？　この文を読んで鮮やかに思い出せることもあれば、「えっ、そんなこともあったっけ」ということも多いかもしれないですね。だけど、それでいいのだと思っています。小学生時代の経験は、今生きていく上での「土台」に静かにひっそりとあればいいのであって、意識しない自分のこころとからだを成り立たせる成分のようなものだろうと考えるからです。

　　中略　これから続いていく「大人」としての道のりには、いろんな困難が待っているでしょうが、それでもけっこう楽しいものです。何とかなります。その時その時で落ち込んだり楽しんだりと、いいことばかりではないけれど、トータルに捉えてみれば、「おお、なかなか人生愉快だな」と思えるものだよ。

　これから、同じ時代に生きている大人として、お互いに幸せな自分の人生目指してしっかりと歩いていこう。再度、ご成人おめでとうございます。これからも、どうぞよろしく！（2009年1月3日）

　人生は、「すぐにはわからないこと」があるから楽しいし、希望が持てるのだと思います。成人式のお祝いの酒席で、東京に出てパティシエをめざしているMくんが、近況を詳しく語ってくれ、最後に「12年間教育を受けた中で先生が1番真剣にぼくたちに向き合ってくれました」と褒めてくれました。きっと彼は酔っていたのでしょう。けれどもわたしの目には、涙がじわっと溢れてくるのでした。

あとがき

　この絵は、小学3年生のさとしくんの黒板の落書きです。人と人とが抱き合っ
て、性器のところが線で結んであります。おしっことうんちも添えられて。
　こんなふうに黒板いっぱいに描きながら、ある朝さとしくんは「ちんちんを
もみもみすれば、セルフサービス」と叫んでいたのです。当然、学級の子ども
たちの注目を集めた「一大事件」でありました。1991年4月の出来事です。
　実は、さとしくんはお父さんとお母さんが離婚されて、県外から鹿児島市に
引っ越して来たばかりでした。その寂しさを紛らわすために、新しい学級の子
どもたちと早く友だちになりたかったのでしょう。そのために、こういう「エ
ロの世界」をおもしろおかしく伝えることで注目を得よう…と、子どもなりの

知恵をしぼったのでした。

　子どもたちの表面的な行動だけを捉えて、叱ったり褒めたりする教師は、やはり「未熟」だと言わざるを得ません。まず、この絵の背後にはどんな世界が潜んでいるのか、なぜ彼はこの絵を描いたのかということに思いを巡らすことのできる教師であって欲しいと思います。わたしは、当時十分に未熟な教師でしたが、何とかそのための糸口を探り、関わりのヒントを掴もうと、この絵をさとしくんに描き写してもらったのでした。

　では、なぜ未熟なわたしにそういうことができたのでしょうか。それは、子どもの行動の奥を捉えようとするだけの「余裕」があったことと、そんなふうに子どもを捉えて見せてくれる先輩教師が身近に存在したからだと思います。

　子どもたちの現実の姿を彼らの表現として、それが生み出される世界からまるごと理解する努力が求められ、それを踏まえた関わりが必要なのです。そのためにこそ、わたしたちには「ゆとり」が必要なのであり、学び続けることが求められるのだと思います。

　灰谷健次郎さんの未完の小説「天の瞳」に次のような記述があります。

　仕事というもんは、これまで、いろいろなことを学ばせてもらったお礼でもあるから、いつも人の役に立っているという心棒がなかったら、その仕事は仕事とはいわん。ただの金儲けと仕事とは区別せんといかん。

じいちゃんが、お寺を建てたとする。それがいい仕事だと、お寺にお参りに来る人は、その普請を見て、結構なものを見せていただいて、心が安まります、とお礼をいう。

　仕事は、深ければ深いほど、いい仕事であればあるほど、人の心に満足と豊かさを与える。人を愛するのと同じことじゃ。

　一人の人間が愛する相手は限りがあるが、仕事を通して人を愛するとその愛は無限に広がる。

　そうして、生きてはじめて、人は神さまからもろうた命を、生き切った、といえるのじゃ。

　これは、おじいちゃんが主人公の倫太郎に対して、「仕事」について語る場面であり、灰谷氏の仕事観が見事に表現されていると思います。どうですか？元気が出てきませんか？

　わたしは、学級の子どもたちが40人なら40人と、「1対40」ではなく、「1対1」の40倍の関係で向き合おうとしてきました。この絵を描いたさとしくんの背後には、離婚したばかりのお母さんやお父さん、その家族がいるのです。さとしくんが、教室の中で安心して生きられるような関わりが作り出せるならば、きっとさとしくんにつながる人たちにも、安心が広がっていくのです。

　そういうつながりのなかで人間が生きていると自覚しながら、わたしたち教

師は、目の前にいるその子どもを愛するということを一生懸命やっていく必要があるのだろうと思います。

　もちろん、子どもを愛するためにはその愛し方があり、一人で愛そうとしても愛し抜けないような厳しい現実があれば、それに負けないための仲間が必要なのです。この本で紹介した大小様々な実践記録が、それを学び、獲得するためのヒントになれば、わたしにとってはこの上ないよろこびです。

　さて、新型コロナウイルスの感染拡大の中で、教育のあり方にも大きな変化が求められています。これまでの教育現場の「あたりまえ」についての点検作業が、現場を置き去りにした上から目線で押し切られてしまわぬように、一人ひとりの教師の主体的な作業として、内容論的にも方法論的にも、科学的で民主的な新しい学校づくりにつながれなくてはなりません。課題は山積していますが、みんなで知恵を出し合い、決して焦らないとり組みをコツコツと続けていきましょう。そのことが必ず「未来」につながり、子どもたちの生きる明日を支えることになるのです。

　さあ、子どもの「いのち」に寄り添う教育を、みんなで楽しみながら創っていきましょう。わたしたちの仕事は、子どもたちと共に生き、子どもたちの育ちを励ますことができるとってもおもしろくて素敵な仕事なのですから！

本書は、わたしにとって初めての単著であり、ほとんどが小学校教師時代に
様々な教育雑誌に寄せたレポートが元になっています。その意味では、わたし
の小学校教師としての履歴書であり、時代が大きく動く中での１人の小学校教
師の「生き方」の記録にもなったのではないかと思っています。一緒に歩いて
くれた子どもたちと保護者、そして同僚の皆さんとの出会いがなければ、決し
て生まれることのなかったわたしにとってかけがえのないドラマでした。

　実は、これまでいくつかの出版社から実践をまとめる企画を持ちかけられて
いました。けれども仕事の段取りの悪いわたしは、少し書いては中断…を繰り
返し、その度に先延ばしにしてきたのです。今回、ようやくこういう形にまで
辿り着くことができたのは、編集担当者であり、友人である熊谷耕さんの励ま
しとアドバイスのおかげです。また、小学生時代からの知り合いで、「高校生
平和大使」として授業に来てくれたこともある鳴又えふさんが装丁とイラスト
を担当してくれました。熊谷さん、鳴又さん本当にありがとう。

　そして、わたしが本を出版したら帯を書いてくれると約束して下さった金森
俊朗さん、大分の養護教諭ですぐれた実践家であった山田泉さん、佐藤益美さ
ん、熊本の偉大な先輩教師・井形端さん、わたしをこの世に送り出してくれた父・
忠義…。今は、わたしの胸の中で生きる大切な人たちです。そうしたたくさん
のつながりの中から、この本が生まれました。記して、すべての方に感謝の意
を伝えたいと思います。もちろん読者の皆さんにも、心を込めて。

【初出一覧】

第1章
●「総合学習と性教育〜子どもと創るいのちの学習・12ヶ月〜」"人間と性"教育研究協議会編『季刊セクシュアリティ』50号（2011年4月）エイデル研究所
●「子どもの本音に迫る『性教育』をめざして」鹿児島子ども研究センター編『かごしまの子ども』第13号（1996年7月）鹿児島子ども研究センター

第2章
●「私たちの教育課程つくり実践・小学校『いのち』をテーマにした実践を通して〜たのしみながら丁寧に〜」学校体育研究同志会編『たのしい体育・スポーツ』252号（2011年6月）創文企画
●「私の教科実践と言語活動（1）　いのちのありかとしての『からだ』に目を向ける」日本作文の会編『作文と教育』776号（2011年4月）本の泉社
●「『いのち』はここにあるんだよ〜3年生『からだ』の学習を中心に」『季刊セクシュアリティ』11号（2003年4月）エイデル研究所

第3章
●「ゴールがあるから，一生懸命生きられるんだ―種村エイ子先生の『いのち』の特別授業から―」『かごしまの子ども』第15号（1998年8月）鹿児島子ども研究センター
●「子どもとつくる『いのち』の学習〜にわとりの『いのち』を見つめた6ヶ月」『かごしまの子ども』第24号（2007年7月）鹿児島子ども研究センター
●「HIV感染予防と共生について考える（1）（2）」『たのしい体育・スポーツ』63号、64号（1995年9月、10月）創文企画
●「仲間とともに『いのち』を見つめ語り合う教室」『心とからだの健康』第18巻第11号（2014年11月）健学社

第4章
●「生きることは，出会うこと」日本作文の会編『作文と教育』750号（2009年2月）百合出版
●「私の教科実践と言語活動（2）　となりにすわっている友からの学び，友との学び」『作文と教育』777号（2011年5月）本の泉社
●「教材づくりの素材は、子どもの「生活」の中に〜友の日記から、つながり、広がる大事な学び〜」『作文と教育』852号（2017年8月）本の泉社
●「未来を描き出すために，今を丁寧に見つめる〜3.11後の『いのち』の学習」『かごしまの子ども』第29号（2012年7月）鹿児島子ども研究センター
●「総合学習を創る・車いすから見えてくる世界」『作文と教育』649号（2001年10月）百合出版

第5章
●「子どもたちに『子ども時代』をたっぷりと味わわせたい」『かごしまの子ども』第31号（2014年7月）鹿児島子ども研究センター
●「『恋愛クラブ』を科学する〜思春期の子どもたちの異文化交流〜」『作文と教育』805号（2013年9月）本の泉社
●「人と人とのつながりを土台に，価値ある学びを〜種子島で南中ソーランを踊る」『体育科教育』第51巻第3号（2003年3月）大修館書店

【著者プロフィール】

村末 勇介（むらすえ ゆうすけ）

　1963 年、熊本県生まれ。鹿児島県公立小学校教員として 29 年間勤め、2016年 4 月から琉球大学教職大学院に教員として勤務。教員養成・研修に携わる傍ら、教師や保護者に向けた教育講演会、子どもたちに向けた性教育等の飛び込み授業を続けている。現在、"人間と性"教育研究協議会九州ブロック幹事、学校体育研究同志会会員、鹿児島子ども研究センター所員。元NHK教育テレビ『みんな生きている』番組委員。

　主な著書（共著）は、『性教育はどうして必要なんだろう？』（大月書店）、『楽しい保健室』（教職員出版部）、『新版人間と性の教育　いのちとからだ・健康の学習』（大月書店）、『性と生のはなし 60 選』（エイデル研究所）、『子どもの願いを真ん中に』（南方新社）、『新いつでもどこでも群読』（高文研）他。日々の実践・研究を紹介した、ホームページ「村末勇介の教育実践ノート」（http://murasue.style.coocan.jp/）も公開中。

子どもの"いのち"に寄り添う仕事
～教室で物語が生まれる～

2021 年 12 月 8 日　初刷発行

著　者■村末 勇介
発行者■大塚 孝喜
発行所■株式会社 エイデル研究所
　　　　〒 102-0073　東京都千代田区九段北 4-1-9
　　　　TEL.03-3234-4641／FAX.03-3234-4644
装丁・イラスト ■鳴又 えふ
本 文 DTP ■大倉 充博
印刷・製本 ■中央精版印刷株式会社